知って得する

マンション管理の話

実録

管理組合理事長
奮闘記

hasegawa hiroyuki
長谷川 紘之
(マンション管理組合理事長)

言視舎

はじめに

現在、日本ではおよそ600万戸の分譲マンションのストックがあると言われています。本書は、その区分所有者である私が、30年以上にわたるマンション管理にまつわるドタバタ劇を綴った物語。

といっても、単なる笑い話ではありません。私の実体験を知っていただくことが、多くの分譲マンション居住者（区分所有者）に、少なからぬ利益をもたらすのではないか、と思ったからです。

分譲マンションには管理組合があり、区分所有者は皆、管理組合員です。そして、多くの場合、管理組合が、マンション管理会社に委託費を払ってマンションの管理業務を委託しています。

しかし、ほとんどの区分所有者は、マンションの管理や管理会社に深く関わることがあまりないのではないでしょうか。関心があったとしても、現実的に関与するのは難しいという現状があります。実はこれが問題なのです。

当事者意識を欠いたままの管理組合では、本書でみるようなトラブルが起こることがあるのです。

そのことへの警鐘という意味で、私は本書を執筆した次第です。

ネガティブな話ばかりではありません。管理会社との付き合い方次第で、マンション住人は快適なサービスを受けられるだけでなく、コストパフォーマンスを上げることができるのです。

詳しくは、本書を読んでいただきたいですが、私たちのマンションでは、紆余曲折はあったものの、管理会社との契約の見直しやさまざまな工夫の結果、かなりの額の出費を減らすことに成功しました。

これは、管理組合員、つまりマンション住民（区分所有者）が、当事者意識をもつことが最も大切であることを意味しています。

この30年で分譲マンションは大きく様変わりしました。私が住んでいるマンションは新築当初、区分所有者全員がそこに住んでいました。今では2割ほどが事業用として賃貸されています。初めからの区分所有者は半数以下になりました、年金生活者もどんどん増えています。

マンション生活は利便性というメリットの反面、維持管理が建物全体にわたり意外に大変です。

でも、上手に管理するということで、金銭的なことはもちろん、それ以上のメリットもあることがわかってきました。

マンション管理という仕事のなかには、超高齢社会をポジティブに歩んでいくためのヒントが潜んでいたりするのです。

本書で述べた生活者として上手に歳を重ねるための知恵の一端が、みなさんのポジティブライフの一助となれば幸甚です。

目次

知って得するマンション管理の話

0 大雪の翌朝

2014年2月8日、首都圏は45年ぶりの大雪でしたが、およそ1年前の2013年1月14日もかなりの雪でした。

あの朝、私にとって忘れられない出来事がありました。


朝、窓のカーテンを開け、あたり一面が銀世界だと雪国育ちではない私たちは「おお!」というような感動を覚えるものですが、次の瞬間「雪かきが面倒だな」という現実に連れ戻されます。

窓から見たところ10センチほどの積雪でした。「しょうがないな。ではちょっと様子を見てみよう」とマンションのドアを開けました。すると、玄関前がきれいに除雪されていたのです。ちなみに我が家はマンションの3階です。
見下せば、1階のマンション入り口付近もきれいに雪かきが終わっています。「ボランティア意識の高い人でも引っ越してきたのか？　それとも誰かが突然意識改革でもしたのか？」

そんな考えが頭の中を巡っていたら、私より早起きの家内が「さっき下（1階）へ降りてみたら、男性が6人でスコップをふるっていましたよ」と教えてくれました。

雪がやっかいなのは、後にアイスバーンとなって道路のアスファルトにへばりつくことです。首都圏の人々は、慣れていないので、そこを通るたびに転倒の恐怖にさらされるわけです。しかし、初期の段階でこれだけしっかり除雪してくれればそういった心配もなくなります。

驚いたことに、この6人はマンション管理会社の社員でした。マンションを購入してから30年以上、管理会社の社員が大雪の日に雪かきをしてくれるなんて……、今までこんなことはありませんでした。

A社という管理会社と委託契約して2年目、管理会社は三社目です。久しぶりで人の好意にふれたような、うれしい思いがありました。

東京で積雪27センチを記録した2014年2月8日の大雪、その翌朝である2月9日の朝はというと、あまりの積雪でA社の車の自由が利かず、前年の再現とはなりませんでした。

▼マンションの管理会社を二度も替えた経験

現在マンションに住んでおられる皆さん、特に区分所有の方々は、マンション管理会社についてどんな関心を持っておられますか？　関心はあるが、関与できないというのが一般的なのかもしれません。

私たちも、多くの皆さんと同じように、関心はあっても積極的に関与することはなかったのです。仕事が忙しいから、時間がないから、管理会社に委託しているのだから……等々の理由はありました。

結果、業者の言うがままにいろいろな物事が進行し、実際、費用対効果という点で、大きな損失もあったのです。

「こんなマンション管理会社ではだめだ。とにかく管理会社を替えよう」ということで最初の管理会社C社との契約を解除しました（それまでに実に20年以上かかっています）。

ところが、替えた二社目のB社も、程なくしてずさんなやり方・体質が露見してきたのです。これまたダメだということになりました。

二度もマンション管理会社を替えた経緯については、この後、詳しく説明していきますが、そうして決めたのが現在の管理会社、A社です。

しかし、ここで忘れてならないのは、替えた二社との関わりのなかで、自分たち組合はどうだったのか、「当事者意識」はあったのか、といういわば客観的な視点です。それをもたなければ、同じことの繰り返しになるおそれがあるからです。

▼サービス業の基本

これは私の主観ですが、マンション管理会社の多くはディベロッパーからの派生で、建物を建てたその延長線上の管理をビジネスとしているわけです。サービス業という側面が、抜け落ちているケースが多いという印象ですね。はっきり言ってしまうと、「ついでの仕事」として管理を考えているように私には見えるのです。当然、スタッフの質にも関係してきます。

しかし、「サービス」ということを忘れているのは、マンション管理会社に限ったことではありません。よく知られた例を挙げましょう。

電電公社が民営化されNTTとなった頃、新しく民間から入った経営者が「〝電電語〟はやめよ！」と一喝したそうです。つまり、ユーザーへの意識が欠落した内輪だけで通用する論理はこれからは通用しない、ということをきびしく通達したものです。旧電電社員の凝り固まった親方日の丸感覚が一掃されなかったら、今のNTTやドコモは存在しなかったに違いありません。

また、かつて岐阜の大垣共立銀行では、時の頭取が「銀行員になるな!」と訓辞したそうです。地方銀行員の多くは地元でそのまま、あるいはUターンで就職したというエリート意識の塊でしょう。頭取の言う「銀行員」が、「エリートサラリーマン」のことであるのはおわかりだと思います。肩で風切るばかりの誇り高き日々を送る姿勢を真っ向から否定したわけです。行員の意識改革に成功した同銀行は、その商圏でのカード普及率80%突破を果たしたそうです。

電話を扱う会社は電話料金を徴収すればいい、銀行は預金者から金を集め、群がってくる大口に金を貸せばいいというものではないはずです。NTTも銀行もサービス業でもあることを忘れては生き残れない、ということを示したエピソードです。


マンション管理会社もまた然りで、大雪の翌朝にきちんと除雪をしてくれたA社は、サービスという意識をしっかりもっている、ということができるでしょう。

私たちユーザーの満足度は、そんなところで左右されるのです。

▼担当者が「まとも」だった

A社は、太平洋戦争後間もなく、「清掃会社」として始まっています。その意味でも、清掃というソフトにサービス精神の基盤をおいているのかもしれません。これも評価できるところですが、A社と契約をむすぶことになった直接的な決め手は、丁寧に話し続ける営業担当者の対応にもありました。

A社の社員は、マンションの清掃を直接受け持つ人を「管理員」と呼びました。契約にいたるまでの交渉の過程で、「管理員」という耳なれない言葉を頻繁に使ったのです。

私が「『管理員』というからには社員なのですか?」と聞くと、その担当者は速やかに「そうです」と返答してきました。つまり、清掃作業を外部の清掃会社に丸投げするのではなく、会社の直属スタッフに任せているということです。

これなら細やかなケアが期待できると思いました。

また私は長い間、営業マンとして多くの経験を積んできたので、応対する営業マンの質問に対する咄嗟の返答、その「間」などから相手を判断するところがあります。相手の様子から「虚実」を見分ける直観のようなものでしょうか。

私はさまざまな角度から、マンション管理に関する質問をしてみました。A社の社員は、私の多少意地悪な質問に、よどみなく、ためらいなく話します。その姿勢に「こういう営業がいる会社なら大丈夫だろう」と考えるにいたったわけです。

▼「三度目の正直」

A社との出合いは、一人の実直そうな社員の夜訪からでした。「三度目の正直」であってほしいと願いながらの契約でした。

最初にマンション管理会社をC社からB社に替えたとき、私はマンション管理組合の理事長を務めていました。しかし、替えたB社も前述したように問題が大ありでした。

そこで2年前、今度はB社からA社に替えることに決めたのです。

二度とも私が理事長の任期中のことでした。

私の「怒り」が普通レベルであったなら、あるいは私という人間が他の区分所有者と同等の、温和な「事なかれ主義者」であったならば、今日まで最初のC社のままであったでしょう。

たまたまそういうタイミングだったということはありますが、理事長をやる以上は住環境をよくし、みんなの共有資産であるマンションをより良く保全したい。同時に、自分の資金も含めた組合の資金を無駄にしたくない。そんな思いがあって、結果的に管理会社を替えることになったのです。

もちろん、A社とて、完全無欠ではありませんから、今後も管理組合としてチェックしていくことを忘れてはいけません。しかし、C社のときにあったような理不尽な「損失」を被ることはないでしょう。また、B社のずさんな体質からくる「それはなぜだ?　そんなことでいいのか?」というようなストレスを、私たち住民が溜め込むことも、今後は起きないことを期待するばかりです。

ただ、ここで強調しておきたいのは、一番大事なことは、区分所有者である分譲マンションの住民が、当事者意識をしっかり持ち、自分の資産は自分でしっかり保全するという意識をもつことなのです。

管理会社への委託契約は、「生活ライフライン」つまり、電気・ガス・水道・エレベータ等に不測の事態が発生した時、即座に対応できる機能を買う「保険」なのです。いわば「ライフライン保守保全保険」契約というのが、最近、私の口ぐせになっています。

1　人生は「お祭りマンボ」

お祭りすんで陽が暮れて、冷たい風の吹く夜は
家を焼かれたおじさんとヘソクリとられたおばさんの
ほんに切ない溜息ばかり
いくら泣いても還らない
いくら泣いてもあとの祭りよ（傍点引用者）

ご存じ、美空ひばりの「お祭りマンボ」の最後のフレーズです。この曲自体は１９９０年代に男性人気アイドルグループ忍者が、歌詞の一部を変えてカバーシングル「お祭り忍者」として発売、ヒットしたので、若い方もご存じかもしれま

せん。

特に、前半の賑やかな部分はよく知られて唄われていると思います。でも、この最後の部分の歌詞は知らない人が多いようです。

母子二代のひばりファンの私も、そこに気づいたのはそんなに前のことではありません。

なぜ、唐突に「お祭りマンボ」？

実は、この本を書くにあたり、私が最初に想起したのが「お祭りマンボ」の「あとの祭り」の部分だったのです。

このことは、ただマンション管理に関わることばかりではありません。長い人生のなかで、なぜこのことに早く気づかなかったのか！「祭りのあと」には何が起きるのか？そんな習性が身についていたなら、あの時の「あとの祭り」は微少ですんだのではないか、と今更ながら思うばかりです。後悔の半生そのものかもしれません。

▼始発駅近くのマンション

私が最初に新築分譲マンションを買ったのは27歳、1975年のことです。東京近郊の、いわゆる新興住宅地の一角です。子どもを賃貸アパートから幼稚園、学校に通わせたくないという一種の見栄が購買動機でした。このときは母から頭金を借りましたが、その借金は、後に、家内のおかげで利息付きで返済しました。数年経ち、新築物件の折込チラシが目に留まりました。チラシによるとその物件は、当時、私が住んでいたマンションからそう遠くはないところにできるようです。

私鉄の駅の近くで、近い将来複々線になり、しかもそうなった暁には始発電車が大幅に増えるとあります。何もかも好都合でした。

建物の規模としては50世帯で、1階が店舗用になっています。小ぶりではありますが、新品の白亜の城のように見えました。

通勤先の銀座までおよそ1時間。若いこともあって、深夜まで仕事や付き合いが多かった私にとって、これは魅力でした。早速、買い替えることにしました。

幸い下取り業者にも恵まれ、スムーズにことが運びました。

34歳、1982年のことです。

このマンションこそ、この本の「舞台」となるマンションです。

▼ブランド名という落とし穴

この時の心理がまさに「お祭り」状態。「念願の始発駅に近い新築マンションを手に入れた!」です。

しかし、当時の私は、このマンションに買い替えた理由にもあるように仕事に集中していました。まだ若いですから、年金や老後のことに意識がないのはもちろんのこと、マンションの「管理」には、興味はもちろん関心もほとんどありませんでした。

それでも分譲業者とマンション管理会社の社名ぐらいは気になります。

それはCという、だれでも知っているブランド企業の関連会社だったのです。

これで「安心」も買った気分でした。

私達は「有名である」ことに、なんとなく安心感をもってしまう傾向があるようです。私も例外ではありませんでした。たしかに、多くの人に支持されて「有名」になったわけですから、その信頼を裏切ることはないだろう、と考えても不思議はないでしょう。しかし、その「安心」にはさほど根拠があるわけではないことは、おいおい明らかになっていきます。

Cのグループ会社である「C」という名前だけで納得し、マンション管理会社が何をするのか、ということについて、私を含め新しくこのマンションの住民になった50世帯の人たちは、ほとんど関心がなかったように思います。

分譲マンションの住民はマンションの区分所有者である以上、その管理は自らの責任で行なっていくことが基本です。区分所有者が管理組合を組織し、マンションの維持、管理、保全に努めるわけです。

管理組合は、年に一回、管理会社の担当者も含めた総会を開き、理事と監事を選出し、本来は、総会、理事会で上がった問題点などを管理会社が処理します。

しかし、住民のほとんどはいいマンションを買ったという達成感に満ち足りている「お祭り気分」ですから、管理組合の理事会運営については、おざなりになっていたのでしょう。

任期が1年の理事、監事は、言ってみれば小学校で「学級委員」を無理やり任されたようなもの。面倒くさいことを一応1年間はやって次の理事に回すようなほとんど輪番制感覚でしかありません。管理組合の重要性などについては考えもせず、決められた委託費を管理会社に払うだけで時間が過ぎ去る、ということの繰り返しでした。


その間、私はといえば、せっかく始発駅近くだからということで購入したにもかかわらず、通勤時間の短縮を考えなければならないほど仕事が多忙を極めていました。

やむなく、このマンションは賃貸にし、私たち一家は東京都目黒区に別のマンションを借りて引っ越すことになっていました。

2 マンションの管理組合、管理会社とは

▼管理組合とは

新しくマンション生活を考えている方には、少し説明が必要かもしれません。

管理組合は、分譲マンションの区分所有者である住民が、自分たちのマンションの維持、管理、保全をするために存在します。住民全員が参加する分譲マンションの快適な居住を支える団体です。

分譲マンションの区分所有者になることは、管理組合の一員になるということです。現在の法律では、管理組合に入りたくないとか、やめるというわけにはいきません。

また、区分所有者であれば、そのマンションに住んでいるかいないかも関係ありません。途中から売買、相続などによって所有者となった人もその時点で管理組合のメンバーになります。

当然、賃貸マンションに管理組合はありません。

私のマンションの管理組合は法人ではありませんが、法人になっているところもあります。

▼管理組合の運営と定期総会

管理組合は具体的にどのように、活動、運営されるのでしょう。

まず、定期総会が、年に一回開かれます。

総会は管理組合の最高意思決定機関ですから、区分所有者の全員出席が基本です。総会成立には、出席・委任状を合わせて、1／2以上の議決権が必要です。後でふれますが、B社がこのことで失態を演じたのです。

分譲マンション全体の維持・管理・保全だけでなく、会計報告、予算案、業務報告、理事会活動の報告、及び役員の選任などについて審議し、決定します。

したがって議決権の行使、総会運営の透明性の確保、などに細心の注意を払わなければいけません。

▼理事会とは

さて、このような団体を運営していくためには業務執行機関が必要です。その役割を担うのが理事会です。

理事会は、予算案や事業計画など総会に諮《はか》る議案の内容などを審議します。前述した管理組合の主な業務の中心的役割も果たします。

任期は1年です。

私のマンションでは、理事は4人でそのうち1人が理事長でした。その他に監査機関として監事が1人、こちらも任期は1年です。

年に一回の定期総会では、現実的には報告と承認で終わってしまうことがほと

管理組合を運営する理事会の役割は大切

んどです。したがって、総会だけではマンション住民にとっての問題解決や処理は難しいといえます。管理組合として大事なのは日頃の活動です。そのためには理事会が機能することが大切になります。

その活動の良否は、区分所有者の資産であるマンションの価値に大きな影響を及ぼします。

居住実態に即した管理規約を保持すること、事故や自然災害等に対応できる体制を整えていること、居住者間のコミュニティの振興に努めることなども、管理組合にとって大変重要なのです。

何よりも、自分たちの資産保全は自分たちで、という「当事者意識」をより高め、さらには「当事者能力」の向上につながれば、それが理想でしょう。

※巻末のマンション管理適正化推進法参照

▼管理会社とは

簡単に言えば、マンションの管理会社は、管理組合の役割（マンション維持、管理、保全）を代行する会社です。

管理組合を構成するのは〝素人〟ですから、マンションの維持・管理・保全の実務については当然不慣れですし、専門的な知識もありません。また、管理組合のメンバーの生活パターンはさまざまで、時間的にも管理業務を行なうのは難しいといえます。

そこで、管理組合の日常的な業務を委託するために存在するのが管理会社なのです。

言い換えれば、管理会社は管理組合のパートナーということもできます。管理組合は、マンション管理の専門家集団である管理会社を適切に活用していくことが大切になります。

ただし、マンションを管理する主体は、あくまでも管理組合であることを忘れてはいけません。

管理会社に業務を委託せず、組合だけで管理することもあります。自主管理ですね。自分たちの手間とコストを天秤にかけて、そうすることも可能です。そのためには、組合員の協力態勢・信頼関係が必要です。そして何より、アクティブなリーダーの存在が不可欠でしょう。行動派にはリスクも伴うものです。より多くの組合員が自由闊達に話し合える状況づくりが大事ですね。

また、高齢化の進行する現在では、それ自体が自主管理を困難にする要因となっています。

▼管理会社の仕事

では、マンションの管理会社は具体的に何をするのでしょう。

管理会社は管理組合との管理委託契約に基づいて、次のような業務を行ないます。これを会社に委託せず、自分たちだけでやるのが「自主管理」です。

- 日常清掃〜このマンションでは週3回
- 定期清掃〜共用部分の廊下、エレベーターホール、玄関周辺について年何回かのワックスがけ、清掃

●電気・ガス・水道・エレベーター等生活インフラに関する保守点検～緊急時は管理会社のセンターに自動通報で緊急対応する

●建物の外壁や鉄部の塗装、屋上の防水工事、給排水施設の補修など共用部分の修繕の提案・実施

●長期的な修繕計画の作成、変更

●管理費・修繕積立金の管理、未納金の督促

●緑地を駐車場にするなど敷地や共用部分を変更することや、集会室や駐車場などの運営の補助

●理事会、定期・臨時総会の準備、議事録の配布

と、だいたいこんなところですが、居住者の日常生活に関しても

●管理規約に違反する者に対する措置、マンション内の巡回、出入り口の戸締りなどの防犯対策など、マンション内の秩序と安全を守る

●組合員に対する広報紙の発行や、総会の開催通知などの広報、連絡
●居住者名簿の作成、更新、および保管

といったことが挙げられます。

一般的には以上のようなところですが、「自分たちのために自分たちの労を惜しまない」組合員が、ひとりでも多い管理組合でありたいものです。

これからマンション購入を考えている方には、ぜひ参考にしていただきたいものです。「あとの祭り」を避けるためにも。

▼マンション管理会社は「決まっている」？

長い説明になりましたが、このように管理組合も管理会社も、分譲マンションの住民＝区分所有者にとって、ひじょうに大事なものです。ところが、なかなかこのことが意識されないのも現実なのです。

多くの場合、分譲マンションを購入するとき、「管理会社」は決められています。

管理内容も委託費も、あらかじめ定められています。

マンションを購入する際、それらは前提になっているということもできますから、区分所有者である住民（管理組合）は、「管理会社は決まっているし、替えられない」と考えるのが一般的だと思います。

自分たちの不利益など何か問題が起こってみないと、当事者意識をもってマンションの管理運営について考えることはあまりないのではないでしょうか。

そういうなかでは、自分たちのマンションの管理業務を委託している管理会社とどんなコンタクトをとるのか、問題点をつねにクリアしているのか、が問われます。かつての私たちのような「ずさんな組合」に付き合うと、管理会社のサービスの質は、当然のごとく低下しますし、結果としてコストパフォーマンスも著しく悪くなります。

これは、管理組合と管理会社との関係で、もっとも重要なポイントのはずです。

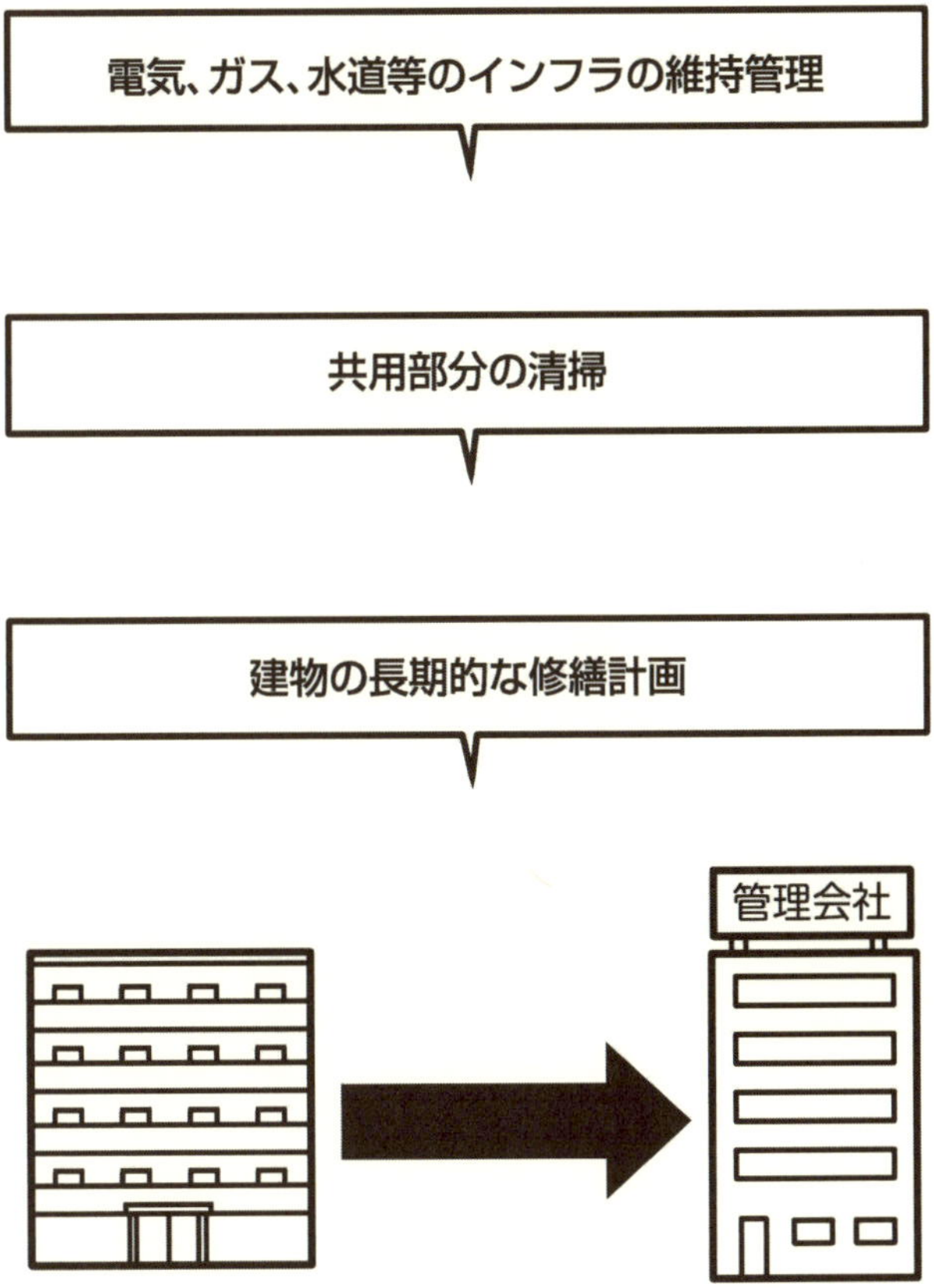
電気、ガス、水道等のインフラの維持管理
共用部分の清掃
建物の長期的な修繕計画
管理会社

▼ライフライン確保のための管理会社

管理会社については、住人が分譲マンションを購入して入居する時に、管理業者が委託期間、委託費などの重要事項について説明会を行なわなければならないことになっています。でも正直に言えば、私もその説明会に出席したとは思いますが、どんな説明だったのか記憶にありません。たぶん、ほかの人も同じようなものだったと思います。

当時の私たち区分所有者は、やはり「お祭り気分」だったのでしょう。自分の生活にどう関わってくるかわからない段階で説明されても、そのことに興味を持てなくてもやむをえなかったのかもしれません。管理組合についても管理会社についても「そういうものがあるんだ」程度の感覚しかなかったのだと思います。なかなかマンション管理についての「当事者意識」は、自然に湧いてくるものではないようです。残念ながら、人は何事につけ「失敗」から学ぶことが多いようです。私たちも、自分たち組合の「不作為」が招いた結果に対しての「怒り」が、行動へと導いたように思われます。

一方で、管理を自分たちだけでやる、というのもなかなか難しい。先にお話しした「雪かき」の例にしてもそうですが、実際に誰がやるのか、なぜ自分がやるのか、という問題がつねにつきまといます。

組合は人間の集団です。さまざまな人間の集まりです。現代社会ではだれもが「忙しい」わけですし、マンションの維持管理という業務には、専門性が必要な場合があったり、体力がいることもあるでしょう。この仕事はだれもができるものではないのです。そもそも、そんな煩わしさから解放されるためにマンションに住む人も多いはずなのです。

しかし、マンションの維持管理は、生活の根幹につながっています。電気、ガス、水道、下水等の維持管理もあるのですから、ライフラインに関わってくることも事実です。ですから、お金を払っても、この仕事を委託する必要があるのです。

先にも述べたように、私は、マンション管理会社に対する委託費を「ライフラインを確保するための保険」だと考えています。

新築マンションに入居する場合、管理組合の初期の段階で、「管理会社と組合との関係」について、みんなでしっかりと考えるべきだと思います。そして、マンションの維持、管理、保全については、住民＝管理組合が主体になって運営していくものという意識も、このとき持ってほしいと思っています。したがって、管理費さえ支払っていれば、賃貸マンションのように何もしないでもよい、という習慣をなくすことが肝要です。

このへんで、委託先の管理会社と組合との関係が良好でない場合、特にずさんな理事会と管理会社との対応からは、どんな事態が発生するのか、実際にあった組合にとって不合理な話をしなければなりません。

3　屈辱のとき――管理会社の言いなりで追加徴収金

いつしか、マンション住民の新居を得たという「お祭り気分」は消え、10年も経った頃、建物にも変化が表われてきました。1993年のことです。

まず起こったのが外壁塗装工事の必要性でした。

▼外壁塗装工事

大規模な修繕工事は、すべてのマンションで定期的に行なう必要があります。どんなに優秀な建物でも、日々、風雨にさらされるわけですから、永遠に新築時の様相のまま、というわけにはいかないからです。

管理組合がこれを計画することもできます。塗料の耐用年数は○年だから○年後に外壁塗装工事、給排水管は×年ぐらいで傷むから×年後に給排水管工事……という具合に、です。

私のマンションは、こうした計画も管理会社に委託していたので、外壁塗装工事が必要になったという話は、管理会社から持ち上がってきました。一般的にそろそろ外壁塗装すべき年数が経ったということだったんだと思います。

ちなみに、このとき私はこのマンションを賃貸にして目黒に住んでいました。私は外部の「区分所有者」としてこの問題に関わりました。

▼丸投げ工事現場

外壁塗装工事となればかなりの額が必要となります。

管理組合は、修繕積立金を毎月、区分所有者から集めています。当然私も払っていましたから、気になって現場の様子を探りに行きました。

その時は、すでに足場が組まれた状態でした。C社の人間はおらず、下請けか、あるいは孫請けと思われる塗装会社の人たちが働いていました。

その状況を目にした瞬間、「なんだ、C社の人間はいないのか」と、自分のなかに不信感が募っていくのを感じました。

しばらく歩き回って、現場監督らしき人を見つけたので、話を聞きました。がっかりしました。その話しぶりからC社から丸投げされたとわかる会社の現場ですから、まともな話はできようはずはありません。仕上がりに期待が持てなくなりました。

私たち素人が現場を見たところで、なんの意味もないのですが、見積もり段階、仕様説明の段階で立ち会えなかった自分と向き合うため、出向いたわけです。

現場の雰囲気そのままに、案の定といいますか、2年足らずで、剝落箇所が出てきました。

▼追加徴収金は10万円強

このような現場を見るにつけ、区分所有者の共有資産である外壁の塗装という一大事業なのに、私の心中は複雑でした。

自分が区分所有者の一人ではあっても、理事でもないし、まして今、住んでいるわけでもない以上、あれこれ言える立場ではないとの思い込みで、管理組合の総会にも全然出席していなかったため、情報もありませんでした。

不信感と不安と不満を抱えながら、帰路につくしかありませんでした。

私自身は日々の仕事に没頭していたこともあり、それまで修繕積立金のこともほとんど頭になく、管理組合や管理会社の重要性について認識していませんでした。それでもやはり、何だかとても損をした気分でした。これも自分が区分所有するマンション内での出来事である以上、ごくごく普通の感情と言えるでしょう。

「この外壁塗装工事は何？　もう始まってしまったからには、とめられないだろうが、とにかくしっかりやってくれよ。でも、期待できそうにないなあ」

というような気持ちでした。


ところが、塗装工事が済んだ後、追い打ちをかけるように、C社から一軒あたり10万円強の追加徴収のハガキが送られてきたのです。今までの修繕積立金では足りなかったというわけです。愕然としました。

▼管理会社の言いなりは、ずさんな組合の産物

修繕積立金は、長期的な修繕計画に基づいて修繕工事を実施すべきときに必要な工事費用が積み立てられるように設定した額です。それで足りなかったということは、工事のときに何か不測の事態が発生し、予想をはるかに超える費用がかかったのでしょうか？　それとも元々、修繕積立金の設定額が間違っていたか？

そのどちらかのはずですが、納得しようもない唐突な話です。

なぜこれだけの費用がかかったのか、などは、はっきりしないままです。

そのとき、管理組合はC社にどう対応したのか、当時このマンションに住んでもいなかった私はわかりません。すべてC社のペースで終わってしまいました。

結局「何で、よくわからない外壁塗装工事をされ、追加徴収金まで取られたの⁉」と、皆、首をかしげるばかり。

しかも工事翌年にはマンション玄関前の塗料が早くも剥げ落ちるという予想ど

おりのクオリティの低さが証明され、金額以上の屈辱感がマンション住民全体を覆っていきました。

管理会社の言いなりで事が運ばれ、なんとなく疑問を感じつつも、いつしかすべてが終わってしまい、気がついたら大損。

まさに、今さら騒いでも〝あとの祭り〟そのものだったのです。

このときのことを思い出すと今でも腹立たしくなります。

このときの担当理事たちはというと、互いに沈黙し、時が過ぎるに任せていました。そんな印象がいまだ消えません。すでに他界されたり、老いたりで、事実確認はなされないままです。

沈黙や黙殺というネガティブな性癖は、団体や組織にありがちな「毒」だと私は考えます。戦前のことですが、「話せばわかる」と言いながら抹殺された人もいました。国全体が〝あとの祭り〟になりましたね。

▼マンション管理会社C社の問題点

ここでは、一連の外壁塗装工事に関するC社の管理会社としての働きについてもう一度、冷静に振り返ってみましょう。

築10年を過ぎていたわけですから、マンションの外壁塗装工事は、おそらく必要だったのだと思います。ところがC社から、まずその必要性についてのはっきりした説明がなされていなかったようです。同時に明確な説明を求める組合ではなかったことは事実です。

次に、なぜ、あの塗装会社に任せたのかの説明がありません。

おそらくC社の下請けか孫請けなのでしょうが、結果として1年で玄関前の一番目立つところの塗料が剥げ落ちるほどの雑な塗装しかできなかったのです。そんな会社に丸投げしたC社の、私たちマンション組合に対する姿勢は、さらに明確になります。

そして、これが一番大事なことなのですが、どうして追加徴収金が必要だったのかの説明がありません。

見積もりとの乖離があった、塗料が急激に値上がりした、人件費が思いのほかかかった、当初の予定より何らかの理由で工事にかかった日数が大幅に増えた……など、理由があったと思われます。それをきちんと説明してくれればいいのですが、それはありませんでした。これはもう説明責任の回避以外のなにものでもありません。同時にこれは、当時の組合の理事たちの無責任・無作為の結果なのです。

繰り返しになりますが、修繕積立金は、マンションを管理する上で長期的な修繕計画に基づき、修繕すべきときに必要な工事費用がまかなえるように（管理会社が）設定した額です。いつかは必ず必要になる外壁塗装工事が、長期的な修繕計画の中に入っていないはずはありません。

金額の多少のズレがあったとしても、一世帯あたり10万円強の追加徴収ということは、普通に考えれば修繕積立金の設定額のミスだったということでもありません。外壁塗装工事は、突発的でも想定外の工事でもないのですから、少なくとも、文書による明確な説明が各所有者になされなくてはなりません。しかし、その説明もありませんでした。

ブランド企業としてのイメージがあるC社も、単に一企業にすぎないわけです。契約者（組合）の態勢、要求、指示等によって、やり方はさまざまになるでしょう。コストをかけず、利益が出ることは、企業にとしては喜ばしいわけですから、それを追求した結果なのでしょうか。また同時に、組合の交渉能力にこそ問題があったということができます。

▼無策だった管理組合

この工事自体について、問題なのは塗装業者もさることながら、C社のやり方だということがはっきりしました。

ではそれに対して、我が管理組合はどうだったのでしょうか。

皆、口々に不平や不満を漏らすだけだったようです。私は住んでいなかったわけですが、「管理組合として臨時総会を開き、C社に対し、外壁塗装工事でなぜこれだけの費用がかかったかについての説明を求める」といったことも行なわなかったようです。少なくとも私のところに、そうした連絡はありませんでした。臨時総会は開かなかったとしても、理事会でこの問題について討議したという話も聞きません。結局、ウヤムヤなままで終わったことだけは間違いありません。泣き寝入りというやつです。

想像するに、日本全国で似たような事例は、数多いのではないでしょうか。思わぬ出費というのは、その金額もですが、精神衛生上もよくありません。わがマンションでは、あれから20年以上経った今も、時々「あれはなんだったの？」という声を聞きます。

はっきり言って、このときの私のマンションの管理組合は形だけ存在し、その体をなしていませんでした。だからC社の言いなりだったのです。

管理組合に「もう少し当事者意識があったら」ということは簡単ですが、それこそ〝あとの祭り〟です。失ったお金は戻ってきません。管理組合がこのままだったら、今後もC社のやりたい放題になってしまう恐れもありました。やはりこれを教訓にしていかなければなりません。

分譲マンションの住民（区分所有者）は皆、管理組合員なのです。しかし、当事者意識を欠いていると、往々にして管理会社の言いなりになってしまいます。するとさまざまな点で住民に、不利益が発生するのです。

この外壁塗装工事のエピソードは、そうした問題の典型的な例だということができるでしょう。


それにしても、かのC社がいまだ健在であり続ける不思議さです。私は、俗にいう「クレーマー」では決してありませんが、「泣き寝入り」の輩とは反対の立場におります。

余談ですが、つい最近、メガバンクの1行が、午後6時以降ATMの金の出し入れに105円負担させていたシステムを変更し、無料にしました。2013年の秋、埼玉2カ所、都内1カ所のその支店で、その手数料が無料になるカード（年2000円）を勧められたので、その勧誘員に、その不合理さを説いたわけです。

「6時以降はパートの人間が必要になるから、105円掛かるのは理解できる。でも、君たちがやっているのは不合理だよね！」

さすがにメガバンクでした。3カ所からクレームが来たということで、慌てて対処したのでしょう。

果たしてC社はどんな改善をしているのでしょうか。

4 管理会社は替えられる！

マンション購入時点では、一般的に管理会社も管理内容も委託費もあらかじめ決まっています。それを「替えられない」もののように思ってしまいがち、ということは先に述べました。

ここで、ちょっと整理してみましょう。

住民は管理組合に、入居と同時に入ることになっていて、管理費や修繕積立金を自動的に払うことになっています。そういう決まりです。

したがって、管理会社がやることも「替えられない」ことなんだと住民が思ってしまっても不思議ではありません。

だれしも、煩わしいことはなるべく避けて生活していきたいと思うものです。「決まりなら決められた通りにしておけば無難、毎日、なにかと忙しいから、あとは知らないよ」と考えてしまうのも道理です。

オレオレ詐欺ではないですが、人間、一旦思い込むと疑わない傾向があるようです。たしかに「管理会社は最初から決まっているから替えられない」と思い込んでいても、普段、生活していくうえで、ひとまずは支障はありません。決められた管理委託費をただ払うだけのことですから。

でも、それでいいのでしょうか。

管理会社から、費用に見合ったサービスを受けているのか、チェックする必要はないでしょうか。

管理組合が管理会社に委託費を払うのは、管理会社との「委託契約」によって成立した「役務」に対する対価です。

すなわち、管理組合が主体的に管理会社を選ぶことができる契約なのです。

「契約行為」ですから、管理組合が委託する管理会社を替えても、まったく問題はありません。その際は、後述する「5段階交渉術」なども参考になるでしょう。

▼セカンドオピニオン

医療の世界では、医師の診断が適切か否かを見極めるために、別の医師に第二の意見を求めるセカンドオピニオンがどんどん広まっています。

昭和の時代くらいまでは、最初に診てもらった医師にずっとそのまま診てもらうケースがほとんどだったかもしれません。なんとなくその医師にずっと診てもらわなければいけないような、いわば、医師主導の感覚です。しかし、セカンドオピニオンは患者主導の考え方です。特に深刻な病気の場合、患者がより良い医療を受けたいと思うのは当然ですから、だんだんそのようになってきているわけです。

マンション管理会社も同じように考えたいというのが私の考えです。区分所有者の組織である管理組合が、自分たちの資産の維持、管理、保全のためにより良い方法を模索するのは当然のことです。そのためには、管理組合の主導で、マンションの維持管理に当たらなければいけません。管理会社に丸投げして泣きを見るのは、住民なのです。

ですから、分譲マンションに住んでいる人で、現在の管理に満足している場合は別にして、少しでも不満がある場合は、まずは管理委託費を他マンションと比較してみましょう。他の管理会社から情報をとることをお勧めします。

管理とは何かについて、より理解が深まり、マンション住民の意識、知識の向上にもつながるはずです。

その結果、現在の管理会社に要求すべき点が発見できたり、あるいは現状がベストだという幸運な発見もありうるのではないでしょうか。ですから、セカンドにとどまらず、数社を考えるべきでしょう。

▼戻って来るなり、いきなり理事長に

追加徴収金の一件後も、私は相変わらず仕事に忙殺される日々を送っていまし

計画の無駄をなくせば
△△万円でできます！

た。目黒の賃貸マンションに住んでいて、さらに12年の間、所有するマンションの管理については、手をつけられない状態でした。

でも、そのこととは別に、高額家賃を払っているのがだんだん嫌になってきました。自分の所有する住空間があるのにわざわざ高い金を払って違うところに住むことはない、という気持ちになってきました。そこで賃貸を解除して、元の我が家、つまり始発駅近くのこのマンションに戻ることにしたのです。２００５年のことでした。

久々にお会いする住民のみなさんから、忘れかけていた社名が出てきました。12年前のことも含め「何なんだC社は！」とC社への非難がみなさんの口から聞かれ始めたのです。

すでに築20年以上経っているということもありますが、ほとんどの人から「お祭り気分」どころか、誇らしい住居という思いは、最早なくなっていたのでしょう。

私自身、みなさんの話を聞くにつけ、12年前の怒りがよみがえってきました。

折も折、ちょうどその頃、管理組合は理事の改変期でした。

輪番制の理事のお鉢が私に回ってきました。

まるで私に「役割があるだろう、それをやれ」、そんな声が聞こえた気分でした。

私は目黒に引っ越す前、一度理事をやったことがありました。その時は、まさに小学校の学級委員をイヤイヤやっていたような気分でした。

「面倒くさいな。仕事が忙しいんだから、早く1年が過ぎないかな」といった感じで任期が過ぎていきましたが、今度は違います。

「なんとかしなくては」という気持ちで、積極的にこの仕事を引き受けようと思いました。やる以上は徹底してやろうと、管理会社であるC社との契約解除の理由を明確にしたうえで、その段取りを考え始めたのです。

そして、他の理事に推薦され、管理組合の理事長も引き受けることにしたのです。外部に居住していたとはいえ、組合の一員として責任は「ゼロ」ではないという思いから、自分のけじめとしての「結論」でした。

5　我慢の限界——管理会社を替えなければ

私もご多分にもれず、管理会社は替えられるのだ、ということを最初から意識していたわけではありません。しかし12年前の外壁塗装工事の一件から、住環境や管理会社について少しずつ考えるようになっていました。住んでいなくても、区分所有しているマンションの外壁塗装工事で追加徴収金を取られたことは、それほど意識改革を迫られるものだったのです。

そして、「管理会社を替えるべきだ！」という結論に至りました。

理事長になった私は、管理会社をC社から他の会社に替えることを決心し、それを行動に移そうと考えるようになっていました。

そんなとき、またまたこのマンションの住環境に関する問題が発生したのです。

▼1階スーパーのトラックの騒音問題

マンション1階はスーパーになっていました。そこに業者のトラックが早朝からやってきて商品の搬入でうるさいという苦情が住民から沸き起こったのです。

このトラック問題は今に始まったことではなかったのですが、それがどんどんエスカレートしていたのでした。最近ではマンションの共用部分にまで、業者のトラックが一日中停まっているというのです。

「自分たちは毎月駐車料金を払い続けているのに、彼らは無料で、しかも朝早いときは、4時過ぎにもうトラックがやってくる。その音で起こされてしまう。冗談じゃない」

というわけです。

ここで、このマンションについて改めて簡単に触れておきましょう。

このマンションは、建っている土地の元々の所有者（元地主）が、建築業者と等価交換して建築されたものです。元地主は建築業者に土地を渡し、その代わりにマンション1階部分を業務用として、さらに2世帯分を自らの居住用として所有していたのです。

つまり、元地主が1階をスーパーに貸し、自分もこのマンションに住んでいるという状況です。元地主は、自分の利益を最優先するはずですから、貸しているスーパー側の立場でものを言うでしょう。

今は、単なる区分所有者の一人に過ぎませんが、元地主である彼にとって、この場所は本来私のもの、という意識もあるのでしょう。総会のたびに、管理組合全体の利益より自分の権利の主張ばかりして困るということも聞いていました。

そんな相手と話し合ってもラチが開くとは思えません。

▼スーパーとの交渉

そこで、元地主とは交渉せず、直接スーパーと交渉したほうがいいと考え、スーパーの責任者と直接話し合いの場を持つことにしたのです。

他理事もこの件に関しては私に任せてくれましたので、私の独断でこちら側の要求内容を決めました。それは、

・駐車は同時には2台まで
・その駐車料金2台分、1カ月1万2000円を管理組合に払ってほしい
・荷物の搬入は午前6時以降にしてほしい

というものです。この要求以外には「営業妨害」になることは一切しない前提での交渉でした。

スーパーがマンションの1階にある以上、スーパーにとってマンション住民は毎日買い物をしてくれる大切な客です。その客がスーパーに不満を漏らしているわけです。こちらの話を聞かないわけにはいかないでしょう。この要求を呑むことで、スーパーとマンション住民の関係が良好になれば、スーパーにとって悪い

ことでないのは明らかです。おのずと結果は見えていた交渉でした。

スーパー責任者は、そのことを理解したのでしょう、こちらの出した要求を素直に飲みました。でも、悔しさもあったのでしょうね、この交渉の最後にスーパーの責任者は、

「わかりました。利益のなかからお支払いします」

と言いました。「利益のなかから」払うのは当然のことですから、私がこの責任者でしたら「わかりました。払いますので、マンションのみなさんに買い物を増やしてくださるよう、お伝えください」程度の反撃はしますね。

▼交渉の小技

この交渉の席には、管理組合の会計担当の女性を一人連れていきました。私に任された交渉ではありますが、もう一人こちら側の人間が同席することで、スーパー側には、管理組合の総意で私が交渉にあたっていることが理解でき、より説得力が増します。〝証人〟としての意味も重要ですね。

また、こうすることによって他理事や、管理組合全体にも、どのような交渉だったのかが客観的に伝わります。

要求案を考えたのは私でしたが、交渉の席には二人。交渉の際の基礎の基礎ですが、ひじょうに大事です。「交渉術」については、あとでまとめてお話しすることにします(135頁〜)。

ところで、本来こんな交渉こそ、管理委託費を払っているのですから、管理会社の仕事かもしれません。しかし、このとき私は「C社を替える」ことを心に決めていました。ですから交渉相手から元地主をはずしたように、C社もはずして私が直接交渉に当たることにしたのです。

なによりC社に任せても、おそらく話は全然進まなかったでしょうし、解約する予定の会社に仕事をさせるのは私の本意ではありません。時間の無駄を省きたかったのもその理由です。

そのスーパーは後に撤退し、現在マンションの1階は空室になっています。管理組合には、交渉翌月からスーパーが撤退するまでの40カ月分、合計48万円の収入となりました。通帳に数少ない「収入分」として記載されています。

「出づるを制して、入るを計る」

大事なことですよね。

最近の某管理会社の広告に「経営者感覚の重要性」という文言がありましたが、私にしてみれば当たり前の話です。「これじゃ、この管理会社に任せようにもできない。面倒そうだから」。そんな誘い水の広告のようにも感じられますが、いかがでしょうか。

▼再度外壁塗装が必要に

スーパー問題が解決してから数カ月が経過していました。季節は春先から初夏へ。日々気温が上がってきます。ちょうど地球温暖化が叫ばれだした頃です。気がつけばベランダの外壁には、陽が落ちてからも熱が籠っているような状況でした。

あらためてマンション全体を見渡すと、ところどころにひび割れがあります。築20年以上ですから、風雨にさらされればひび割れもある程度やむをえないでしょう。けれど12年前の外壁塗装工事は、たった1年で玄関前の塗料が剥げ落ちたようなクオリティの低さでした。このひび割れは、あのずさんな工事に原因があるようにも思えてきます。

経年による劣化なら問題ないでしょうが、私が危惧したのは、このひび割れが将来大きな問題につながることでした。それは1960年代から70年代にかけて建てられた鉄筋コンクリートに散見されていた、コンクリートの「爆裂」という問題です。

コンクリートは本来アルカリ性ですが、亀裂から水が入り酸化が進むと同時に、中の鉄筋も錆びることになります。すると鉄筋そのものの体積が増します。最悪の場合、コンクリートが鉄筋の体積増加に耐えられずに「爆裂」してしまうことがあるということです。良質でない工事がなされていると、こういうことが起こらないとも限らないわけです。

最悪の事態になる可能性がどれくらいあるかはわかりませんが、なにしろ外壁のひび割れは気になります。ひび割れがこれ以上大きくならないよう、もう一度しっかり塗装しなければと思い、私は独自に塗装会社を探すことにしました。

もちろん大前提として、12年前と同じ轍を踏むようなことは避けなければなりません。今度こそは、皆が納得できる外壁塗装工事を実施しなければなりません。

▼遮熱塗料

10社程にはあたったでしょうか。

そうこうしているうちに、NASA（アメリカ航空宇宙局）が開発した特殊塗料があるとの情報をキャッチしました。これは「遮熱塗料」と呼ばれるもので、その名のとおり遮熱効果が抜群なのだそうです。

NASAは宇宙に物体を飛ばさなければいけないわけで、宇宙船内の温度を一定に保つために、ありとあらゆる実験が想像できます。もちろん宇宙船をどのような金属にするのがいいのか、空調設備はどうすればいいのかなども含めてですが、そうした中で熱を物体内に可能な限り取り込まず反射する「遮熱塗料」を開発したのです。それと同じものかどうかはわかりませんが。

開発にあたっては、オーストラリアの砂漠で長期にわたる過酷なテストを経て、遮熱できる最良の塗料の成分内容を見出したそうです。その塗料が市販されるようになったというわけです。これは使えそうです。

私は、「遮熱塗料」を教えてくれた塗装会社にお願いしようと思いました。そして、マンション住民（管理組合員）に、提案したのです。

「あの思い出したくもない外壁塗装工事から12年がたちました。工事のクオリティが低かったこともあって、マンションの外壁はところどころにひび割れが生じています。このへんで2回目の大規模外壁塗装をやりませんか？

地球温暖化の影響もあるかもしれませんが、この暑さはたまりません。その暑さ対策にも有効だと思われる、熱を反射する『遮熱塗料』というのが開発されたそうです。私は使ってみたいと思っています。

今度、その塗料の業者を呼んで説明会を開きますので、皆さん、ぜひ参加してください」

「温暖化対策と爆裂防止」。今では一般化していますが「遮熱塗料」は、私にとって一石二鳥のシロモノと直観したのです。

念のため、まだ契約していたC社にも二度目の外壁塗装の提案をしました。「見積もりを出してくれ」と言ったところ、C社からは〝らしい〟ものが出てきました。

それは外壁塗装の費用だけでなく、全然傷んでいるとは思えない1階から5階までの階段のステップ部の修理も含んだものでした。その予算はなんとプラス400万円！です。

12年前の悪夢がよみがえってきました。

私たちにどれだけ無駄な出費をさせようというのでしょう。

Ｃ社は、我がマンション組合の理事が以前と同じレベルに違いないと高をくくり、余計な計上をしてきたのでしょう。

▼5000円が3万円の見積もり

ところで、このマンションの修繕については、外壁塗装工事の話ばかりしてきましたが、すでに築20年以上です。他には修繕の必要がないのでしょうか。

建物に関連したものでいえば、屋根（屋上）防水、床防水などがあり、設備関連では、給排水、空調・換気、ガスなどのメンテナンスもあります。

20年もたちますと、いま挙げた例の中ではガス設備を除き、もうそろそろ修繕が必要になっていたり、状態によっては取り替えの時期になっているはずです。

ところが、このことに対してＣ社からは何も言ってきません。ひょっとすると、危険な状態になっているかもしれないのに、Ｃ社のスタンスは、まるで「我、関せず」です。よほど、組合とのコミュニケーションがなかったのでしょう。

もっとも、考えようによっては、Ｃ社がこういった修理、取り替え工事に熱心だったら、そのつどマンション住民は、追加徴収金に悩まされていたかもしれません。その意味ではラッキーだったのかもしれませんが。

前に、管理会社との委託契約はライフライン確保のための保険であり、管理会社は管理組合のパートナーであると述べました。C社は良きパートナーたりうるとは到底思えない状態であり、早い対策が必要でした。

こんな笑いたくなるエピソードもあります。

ちょうどその頃、玄関ホール階段横のタイル張りの角部分20センチほどが何者かによってはぎ取られるというちょっとした〝事件〟が発生しました。非常に目立つ箇所です。

このタイルの修理も、やむをえずC社に見積もらせました。すると「3万円」という数字が提示されました。直感的に高いと感じた私は、地元の業者を独自に探りました。返ってきた答えは「5000円」でした。

翌日、その業者に5000円ですぐ修理してもらったのは、いうまでもありません。

なんと実費の6倍の見積もりです。何から何までこのような調子。

C社の社員たちは私たちの預金残高を知っていることを最大限に活用することが「いい仕事」で、それで社内評価も高くなる、とでも思っていたのでしょうか。まさか経営サイドの指示だとは思いたくはないのですが。

もはや猶予はありません。理事長就任時の「結論」を実行する準備を急いだわけです。

▼事前の情報収集

新たに契約すべき管理会社については、私ではなく他の理事にリサーチしてもらいました。

スーパーとのトラブル解決については、前述した理由で、理事長である私がほとんど一人でやりました。しかし、理事会が4人で構成されている以上、ほかの理事の人もそれぞれ自覚を持って行動してもらいたいと考えていました。そこで彼らにリサーチを依頼したのです。このことは、私が理事長になったときに理事会で提案し、みなさんに了承されていました。

管理会社を替えることは、管理組合にとって〝一大事業〟です。替えるにあたって、一個人との特定の関係、癒着のようなことが起こっては、元も子もありません。私としても誤解を招くような行動は避けたいので、慎重を期しました。

人の噂話、流言飛語をまことしやかに口にする人は困りものです。つい最近も、60歳過ぎの婦人に「また聞きの話をふれまわるのはやめなさい」「思い込みの話はみんなの前ですべきではない」と注意しました。


さて、調べた中から目ぼしをつけ、「6倍見積もり事件」の頃には、候補の会社が理事会内で決まりつつありました。

理事会の仕事は、理事が、ときには協力して共同行動をとり、ときには手分けしてやろうということです。理事会はボランティア活動ですから、4人全員が積極的に取り組む意思を持たなければ物事は進んでいきません。管理会社を替えるにあたっての活動は、当マンション管理組合を本来のかたちにする革新的なきっかけだったかもしれません。

マンション新築から20年以上。理事会が機能し始め、管理組合が本来あるべきかたちになってきたということができるでしょう。少なくともこの時点では。

こうして理事会レベルでは、新しい管理会社はB社、ということになったのです。

6 管理会社を替える（一回目）！

▼下準備

理事会で意思一致できたので、すぐに臨時総会の準備に入りました。

管理会社を替えるためには、管理組合の最高意思決定機関である総会で、「管理会社変更」の議案が可決されなければいけません。

そのための臨時総会です。

開催にあたっては、いろいろな準備が必要になります。

まず、これまでの管理会社の「工事履歴」です。

それから、かつての私のように現在住んでいない外部居住の区分所有者にもその旨を通知しなければなりませんから、彼らも含めた「区分所有者の全リスト」です。

さっそく管理会社（C社）に用意させました。もちろん、「あなたとの契約を打ち切りにするためです」などとは言いません。これから2度目の大規模外壁塗装工事を行なうのですから、理由づけなどどんなふうにでもできます。

臨時総会開催に向けての下準備は、私一人でやりました。

臨時総会など、今まで開いたことがありません。議論しながらやっていったら、下手をすると際限なく時間がかかってしまうでしょう。急を要する作業は一人で突き進むのが得策と考えたのです。

「工事履歴」と「区分所有者全員のリスト」が手に入った段階で、理事会を開きました。

他の理事には、「必要書類はそろったから、あとは管理会社を替えるための形式上の書類だけあれば、手続き上、何も問題はない」ことを伝え、了承を得ました。

ここまでくれば、臨時総会開催に向けて、我々理事会がやることは、管理組合内の意思統一、つまり根回しだけです。

12年前の各戸10万円強にのぼる追加徴収金のこともありますし、今回の二度目の大規模外壁塗装工事見積もりでの回答、さらにタイル見積もり価格のこともあります。新たな管理会社を探していることを明らかにし、次々に内諾を取り付けていきました。

▼初めての臨時総会――管理会社の変更を決定

一つ一つの情報が管理組合内で広がることにより、区分所有者の意識は一気に変わっていきました。その過程で、「管理会社は替えられる」ことを初めて知った人もいたでしょうが、マンション全体に、住環境についての意識、マンションの維持管理についての当事者意識も高まっていくのを感じました。

いつしか、一般的なマンションにありがちな「隣は何をする人ぞ」という雰囲気はどこへやら、多くの人が職場で真剣に仕事に励むかのような顔つきになってきました。まさに学生時代の部活よろしく、手製の感覚です。

それまで定期の総会は、管理会社のなすがままに、形式的に年1回開かれていただけでしたが、今回は違います。

管理組合がはっきりとした目的を持って開く、当マンション初の臨時総会がこうして開催されたのです。

「管理会社変更」議案は、誰からの異議もなく、すんなり可決されました。

こうして最大の懸案事項であった、管理会社をC社からB社に替えることに成功したのです。

ところで、この作業と同時に、二回目の外壁塗装工事の準備も進めていきました。

遮熱塗料の説明会は好評でした。この塗料を使って予算どおりの外壁塗装工事を行ないました。その後、外壁に問題は発生していません。真夏の夕方、外壁には以前ほどの熱はなくなりましたし、東日本大震災によるひび割れの様子もありませんでした。

ちなみに、C社が見積もり時に提案してきた階段のステップ部の修理は実施しませんでしたが、今現在、階段には何の問題もなしです。

▼変化を恐れない

私たち日本人は概して「変化を好まない」と言われます。よくも悪くも変化することが好きではない、得意ではない民族のようです。

プロ野球のシーズン中のトレードでも、MLB（メジャーリーグ）では、試合開始前に相手チームにトレードされると、すぐさま相手のダッグアウトに移り、何食わぬ顔で試合に出ることがしばしばあります。一方日本では、トレードの会見で「旧チームと対戦したら活躍して恩返しを」などと深刻な表情で語ってチームを移る映像などをよく見かけます。

これは自らの意思ではない変化の例ですが、日本人は長年親しんだチームへの忠誠心というような感覚が欧米人より強く、変化にセンチメンタルに対応してしまう。変化への対応が苦手だということのようです。

50世帯のマンション住民の中で、「管理会社を替えよう」という意見がなかなか出てこなかったということは、変化を好まない典型的な日本人的感覚の表われであるかもしれません。

私が、変化ということで共感できるのが歴史的名著、ダーウィンの『進化論』の一節です。

「生き物が生き残るのは強いからでも賢いからでもなく、変われたからだ」

日本人のあいさつの常套句に、

「お変わりありませんか？」

があります。

健康状態や身辺状況の確認であるのはわかるのですが、へそ曲がりな私には、「あなたは何も変わらないつまらない人生ですか、相変わらず」

に聞こえるのです。

もちろん私は、闇雲に変化すればいいと言っているわけではありません。変化する勇気はもちろん必要です。同時に、あらかじめ着陸地点を見据えながらことにあたることが大事です。そして、これはいろいろな場面に応用できる行動原則だと考えています。自己の利害であれば、ギャンブル的変化もありうるでしょうが、組合というのはみんなの共益ですから、安全圏の着地点の想定はやはり大事ですね。

▼理事会での段取り

管理会社を替える過程で重要視したのは、段取りです。

マンションは、社宅と違って異業種住民の集まりでもあります。

中には、マンション管理にかかわってくるような仕事、建築関係であるとか、電気、ガス、水道などに関係している業種の人が住んでいても不思議ではありません。そういう人からは、管理組合内で役に立つ話が聞けるかもしれません。しかし、会社組織では上意下達式に他人にモノが言えても、マンション内ではなかなか難しい。同じ空間に住むフラットな関係では遠慮が先行してしまいがちです。

そこで私は理事長として、

「『遠慮と貧乏はするな』なんて言いますから、遠慮は禁物、即実行ですよ」

と理事のみなさんに訴えかけ、意見の出しやすい環境作りを心がけました。

また、理事に限らず住民全員が、マンション管理について当事者意識をもつことが大事ですと強調しました。

前述したように理事会では、新しい管理会社のリサーチを他の理事に任せるなどして、それぞれが責任感を持って行動する、すなわち理事会がしっかりスクラムを組んで作業するように努めました。マスタープランは一人でもいいでしょう。でも実行は全員。

そうすることで、理事会の力が管理組合全体のエネルギーになっていくはずだと思ったからです。そうして住民全体の当事者意識がよりアップしてほしいと思いました。理事長は、プランに弱点が見えたら補強する程度の存在でいいのではないでしょうか。

そして着地点は、住民全体の利益ですから、その一点を理解してもらうよう努め、ことを進めていきました。

最終的には総会の多数決で決定するわけですが、異論が出ないよう十分に準備

当事者意識をもって
マンションを管理するのが大切！
当事者意識

し、全員賛成、異論なしで前進したのです。

▼C社担当者へも気遣い

さて、20年以上、委託契約を自動更新してきたC社との契約を解除するのですから、C社担当者のことは気になりました。

この場合、問題なのはC社の体質そのもので、担当者の仕事ぶりが問題だったわけではありません。

C社の担当者にとっては寝耳に水だったでしょう。聞けば、彼は結婚したばかりで妻は妊娠しているそうです。私生活では幸せの絶頂期であるにもかかわらず、20年以上も無風状態できた委託契約の更新に失敗となったら、会社でいやな思いをするのは目に見えています。

気の毒な彼に言いました。

「会社に居づらく感じたら、私に相談しにきてください」

私は新しい委託先のB社に、C社の若い担当者である彼を、状況によっては雇ってくれるようお願いし、内諾も得ていたのです。

結果、彼はそのままC社に残りました。私の心配は杞憂に終わったようですが、無駄なことをしたとは思っていません。彼があの経験をどう活かしているのか、気になるところです。私自身、若いときの成功と失敗のすべてが、いまの私を形成しているわけですから。

7　暗雲から晴天のつもりが……

臨時総会が無事終了してから、「私を常任理事長に」という声が上がりました。私自身も「そうあるべきかもしれない」と思いながらも、丁重に断りました。というのも、実はちょうどその頃、母が不治の病に冒されていることがわかったのです。残り少ない母との時間を大切にしたかったからというのが、断った理由です。母が旅立つのはそれから1年後でした。

▼好事魔多し

「好事魔多し」とはよくいったものです。理事長になって間もないことでした。母が担当医に余命を宣告されたのです。

「あと半年……、1年はないと思ってください」

少年期に母子で過ごす環境がなかった私はその分を取り返すべく、母にとって残された時間、悔いのないよう、思いっきり母子をやろうと、その場で覚悟を決めました。しかし、管理会社を替えるなど理事長として、これからやらなければいけないことがたくさんある中で、これは、正直のところ精神的にかなり堪えたはずですが、これまでの人生でもっとも楽しかった一時期だったかもしれません。

母はその後、月に一度の定期健診を受けるため、朝早く病院に行くようになり、私は毎回付き添いをすることにしました。私は母を実家まで迎えに行きたかったのですが、母は「病院まではタクシーで5分だから」と受け付けません。しかたがないので病院の玄関前で待ち合わせです。私は電車を乗り継いで病院までおよそ1時間半かかります。それ自体は苦痛ではありませんでしたが、いつも母のほうが先に到着し玄関前で待っていました。それがなんとも……申し訳ないというかなんというか……。待ち合わせ時間に遅れたことがあったわけではないものの、冬の寒い朝など私が先に着いていなければと思って早く家を出ても、いつも母の到着のほうが先。どちらが病人かわからないほど、病院での玄関先で輝いて見えたのが思い出されます。

次第に病状が悪化し、母は入院することになりました。ちょうど、C社からB社に管理会社を替え、「常任理事長に」という声が上がった頃です。母との時間と仕事、そして管理組合の理事長、この1年は私にとって非常に充実した時間ではありましたが、管理会社を替えるという当初の目的は達成したわけで、これ以上理事長を続けるには少し疲れすぎていたかもしれません。

母の入院は2カ月でした。その間、毎日見舞いに行きましたし、状況によっては病院に泊まりもしました。

その後は実家に戻って療養です。病気が治る見込みはないわけで、そこから先はどう病気と向き合っていくかということです。残り少ない母との時間を大切にしたい私は、毎日、実家に行きました。そして最後はホスピスでの日々でした。ここにも私はとにかく通いつめました。

母と過ごした日々に、ふと詠んだ歌です。

背をさするあったかいよと頷いて語り続けるいま母ありき

母が私に看取られて旅立ったのは、主治医の「あと半年」宣告から2年後のことでした。「尊厳死協会」への手続きを私に命じて、そのとおり実行できた母親には敬服するばかりでした。

▼成立していない総会

管理会社をB社に替えて5年後のことです。

輪番制でまた理事が回ってきました、私は再度理事長に推薦され、特に断る理由もないのでやることにしました。2011年、東日本大震災後のことです。

その予感がなかったわけではないのですが、驚くようなことが、私が理事長に推薦された総会のときに起こりました。

B社の担当者は、総会成立条件である委任状を含めた議決権の確認をしなかったのです。

理事会と管理会社の堕落そのものです。

その担当者は総会の進行役でもあるのですが、翌月に退社が決まっている人間でした。総会では、とにかく早く議事を終わらせようという姿勢がみえみえでした。翌月になれば彼にとってこのマンションの管理組合は関係ない、という腹積もりだったのでしょう。

問題はそれだけではありませんでした。彼の後任担当者は、なんと大学を出たての新入社員だったのです。

「B社はわれわれ管理組合をナメている」と言いたいところですが、またまた当方理事会の問題点が、そのような管理会社のあるまじき失態を誘引したのだともいえます。

総会は終わりました。正確にいえば早く引き継ぐために終わらせたのですが、議決権の確認さえしていないのですから、総会は成立していなかったのです。

しばらくして、そのことを新人の担当者に、かんで含めるように教え諭しましたが、法学部卒業の彼は、ただうなだれ謝るだけでした。一番の不幸はこの新人クンでしょう。

▼B社との契約を解除

「せっかくB社に替えたが、これほどいい加減な会社だとは思わなかった。B社もダメだな」とみんな言い出しましたが、ことの本質に何人が気づいたでしょうか。前にも言いましたが、管理会社についても「セカンドオピニオン」を参照しよう、というのが私の考えです。再び理事長になったばかりですが、しっかり他の管理会社の情報を集めなくては、と思わざるをえない状況になっていたのです。

新理事会で、B社との契約解除を決定しました。

解除理由は、例の議決権問題で十分ですが、ためしに管理委託費の再見積もりを求めて反応をみることにしました。

結果は、案の定のものでした。B社担当支店の責任者いわく——

「そんなに大変ならば、少しは安くしてあげますよ……」

信じられますか。これがサービス業であるべき会社の支店責任者の言葉ですよ。

理事会へこの責任者を呼び出し、先の総会の件、掃除担当婦人の問題（後述します）、本人とのやりとりでの失礼千万の言動を挙げ、最後通告しました。B社の代表者へも挨拶状を書きました。

早々に役員3人が謝罪に飛んできましたが、〝あとの祭り〟です。

▼組織に属するということ

B社の代表へ書いた挨拶の手紙の内容は、担当支店の組織のお粗末さなど契約解除に至った理由と、前回と同様、新人担当者の保護を願うものでした。

私自身、どんな企業組織も抱える「組織病」について、身にしみた経験があるからです。

私が会社に入って5年足らずのまだ20歳代のことです。40代前半で役員になった〝やり手〟の上司に「週刊誌の記事で、敗戦の原因に中間管理職が情報を握りつぶして、最高決裁者まで正しい情報が届かなかった、そんなことがあったそうですね」と言ったことがありました。その上司の顔色がみるみる変わっていきました。予想通りの反応です。彼も身に覚えがあったのでしょうか。

私が自己流の仕事で、年商2億程度のクライアントを獲得したことがありました。あるとき社長から、「あの仕事は○○クンの紹介だったの？」と聞かれました。「ああなるほど」と腑に落ちました。自己保身はだれにもあることですが、方便の域を超えすぎています。「私の飛び込み仕事ですよ」との返答に、社長は苦笑いするばかりでした。というのも、「○○クン」というのは先の顔色を変えた上司で、彼を役員にとりたてたばかりだったからです。

残念ながらこういった人間は、いたるところにいるようです。この種の人間の問題なのか、組織がこうタイプをつくるのか、いずれなのでしょうか。

太平洋戦争の末期、海外駐在武官からもたらされたソ連侵攻という当時もっとも警戒するべき極秘情報を、「そんなはずはない」と黙殺したのは、政府組織内のそうした連中のようです。それによって判断が遅れ、原爆投下を招いたといわれています。

「組織犯罪」とはよくいわれることですが、一握りの人間が、国を、組織を、人間を、ネガティブな方向にもっていくことがあります。そのことに目をそらすこと、「見ざる・言わざる・聞かざる」は同罪だと私は考えます。

東照宮・陽明門の人気彫刻には、どんな意味がこめられていたのでしょうか。

▼エコポイント騒動

少し、時間をさかのぼります。

私が理事長を辞任してからしばらくたってからのことですが、「住宅エコポイント制度」が話題になりました。地球温暖化対策の推進と経済の活性化を図ることを目的としたものでした。

エコ住宅を新築したり、既存の建物をエコタイプにリフォームすると、国土交通省管轄の住宅エコポイント事務局からエコポイントがもらえるという制度です。

ここで得たポイントはさまざまな商品と交換することができ、追加工事の費用に充当することもできます。

この制度に着目していたのが、我が管理組合の当時の理事長のようでした。この制度自体は、当時の景気対策として悪いものではなかったはずですが、残念ながら我が組合では、後に疑いの種となってしまったのです。

2010年、住民の共有部分であるベランダ側の窓ガラスをすべて、断熱効果のあるエコガラスに替えました。その費用は1300万円でした。

確かに、これで多少はマンションの温暖化防止になったでしょう。長い目で見れば全住民にとって省エネにもなっているはずで、有益なのはわかります。ただし、1300万円が妥当か否かが、わからないのです。また、獲得したはずのエコポイントがその後どうなっているのかも不明のままでした。さらには、この共用部分の変更という大事なことに関して、B社は管理会社としてどのように対処したのかもわかりません。前理事会が、B社を無視して進めたのでしょうか？

先に述べた議決権確認をしなかった総会で、ひとりが声を上げました。

「あのエコガラスの『エコポイント』はどうなっているの？」

その時点ではまだ理事長になっていない私ですが、〝虚〟をつかれた感覚がありました。返答に窮していた当の理事たちに代わって、「後日の報告」を待つということで、その場を収め、総会の幕を下ろしたのです。後日談はあらためて述べますが、後味の悪さがしばらく続きました。当然のごとくに、当時の理事長や理事への不信の声が、住民から上がってくるようになってきたのです。

「李下に冠を正さず」（まぎらわしいマネはしないこと）とはよくいったものです。このエコポイント騒動において理事長たちがとった行動は、その正反対だったといえましょう。

看過してしまった私たちを含めた組合員全体として、何らかの処置をしなければ収まらない事態でした。

李下に冠を正さず……

おや、冠が曲がっている
なおさなくては……
李の実を
盗もうとしている！

誤解されるような行動はとってはいけない、ということ

▼西鶴とゴルフルール

井原西鶴は「人間は魔物、何があっても不思議ではない」と言ったそうです。どんな人間にも魔物が潜んでいるから、だれにも魔が差すということはある、ということでしょうか。管理組合のように複雑に利害の絡む場合は、そういうことが起こらない仕組みづくりが必要です。

このとき思い出すのが、自己申告を旨とするゴルフのルールです。

紳士の国イギリスで生まれたゴルフは、人間の身勝手さを知り尽くした、自らに向き合い、自分の結論を自分で出させるルールになっています。

たとえば、ラフにボールを打ち込み、そこから出す際のアドレス時、ボールが動いた場合、それをだれも見ていなかったとしても、「罰打」を申告しなければならないのはご承知のとおりです。

かのJ・ニクラウスは、ラフにボールを入れてしまったとき、疑わしい動きをまったくしなかったそうです。アドレスでクラブヘッドを草につけない、まさに

「李下に冠を正さず」ですね。

▼A社の登場

私が二度目の理事長になって最初にやるべきは、このエコポイント問題をできる限りクリアにすることでした。

そんなある日でした。私が留守で、自宅に家内しか居なかったとき、マンション管理会社であるA社が訪ねてきて書類を置いていったのです。

書類内容を見て、後日再訪するよう、電話を入れました。

そのときの印象は第1章の初めに述べたとおりで、好感のもてるものでした。

マンション管理会社を替える場合は、いろいろな手続きが必要です。一朝一夕に片のつくことではありません。A社の「会社の質」を感じとることが最優先です。

管理会社については「羹（あつもの）に懲りてなますを吹く」（失敗に懲りて、必要以上の心配をする）の心境になっていましたから、じっくり話し込みました。

既述のとおり、それまでとは違い、良質のものを感じたのです。

▼理事会の変質

さて、「エコポイント問題」です。次のことを当時の理事長たちに要求しました。

・次の理事会に、当時の理事と監事の5人全員に出席してもらい、エコガラス変換工事の一部始終について説明してもらう。
・もし出席できないなら、それについての報告として文書を提出してもらう。

というものでした。

「着地点」、つまり狙いはこの「報告書」でした。

案の定、全員欠席でした。ただ、前理事長が文書を提出してきました。

その内容は「曖昧なままにして申し訳ありませんでした」という反省の詫び状でした。

しかし、追及できる証拠もないこともあり、これ以上追及することはしませんでしたが、私たちはこの「反省の詫び状」をコピーし、理事会の議事録とともに組合員全員に配りました。

私は、初めからこの報告書を「始末書」として公開する算段でした。当時の理事会がずさんな運営をしていたことを明らかにし、住民全体に注意を喚起することが目的だったからです。「報告書」を提出した本人は、まさか「始末書」扱いで公開されるなど、予想もしなかったはずです。気まずい空気を振り払うには、これ以外の方法はなかったと今でも思っています。

私たち理事会は、こうしてエコポイント問題に一応のケリをつけました。

この一件で、前に管理会社を替えたとき、ある程度浸透したかに思えた住民各人の当事者意識が、稀薄なものに戻ってしまったことがわかりました。

大変残念ですが、組織運営は、当事者意識を欠き「公益」意識をも欠落させている人間が必ず存在することを前提に、対処しなければならないのでしょう。

特定の人が孤軍奮闘するには限界があるわけで、組合員が一人残らず最低限でも「当事者意識」をもち、願わくば「当事者能力」の向上を少しでも目指してほしいと思います。

▼エレベーターの交換

ちょうどその頃でした。ある日、マンションのエレベーターが突然、止まりました。急いでエレベーター修理を手配したところ、原因はエレベーター本体ではなく漏電でした。

この時は、エレベーターが動き出すまでにそれほどの手間はかかりませんでしたが、このマンションはいつの間にか、築およそ30年です。メーカーの担当者によると、このエレベーターは2年後には廃番になり、部品入手できなくなるということでした。この際、エレベーターそのものを新しい型に替えることにしました。

何度も述べたように、本来、こういうライフラインに関することは、マンション管理会社に代行してもらうのが普通です。しかし、この段階で、私たち理事の中ではB社と仕事をする気はなくなっていました。

そこで理事会が、直接エレベーター業者と話し合い、費用から工事のスケジュールなどを決めることにしました。

工事費について、当初、業者の見積もりは1450万円でした。交渉に交渉を重ねました、1050万円で契約が成立し、無事工事も終了しました。

こうして、我がマンションのエレベーターは最新型になったのです。

と同時に、この交渉によって約400万円を節約しました。このようにマンションの維持管理に積極的に取り組むことで、かなりの金額を節約することができることをご理解いただけたかと思います。「出づるを制する」習慣さえあれば、だれにでもできる交渉です。

▼B社は清掃に関しても丸投げ

さて、B社についての追加報告です。この会社はマンションの清掃に関して業務を丸投げしていました。「丸投げ」するのはその会社の手法かもしれませんが、管理組合からB社に清掃について指示や要求を出しても、なかなか伝わらない風通しの悪さは不便なものです。

さらに、丸投げ先である清掃専門会社が決定的なミスを犯したのです。こんな事件がありました。

あるとき、新任の清掃員としてやってきた婦人は驚くほどの雄大な体型で、残念ながら清掃向きとはとてもいえませんでした。ご本人は仕事の内容を聞いてやってきたのでしょうか。マンションの周りを掃くくらいはできたでしょうが、5階建てのマンションの廊下や階段を、エレベーターを使わず上から下まで清掃します。それに耐える足腰と体力があるようには到底思えませんでした。見た瞬間「1週間くらいはやれるかな」が私の印象でした。

案の定、この婦人は担当2週目、階段から転げ落ち、救急車で運ばれる事態に陥りました。

その後、悄然と現われた清掃専門会社の人間に詰問しました。

「業務内容を当人にきちんと伝えたのか？

あの婦人がこの清掃業務に耐えられると思ったのか？

B社からどんな指示があったのか？……」

等々です。

こちらが納得するような答えなど返ってくるはずもありません。終始、ノラリクラリと曖昧な返事、返答を繰り返すばかりです。最終的には、

「私があの婦人の身内だったら、あなたたちを告訴する！」

と言っておきました。本気でそう思ったのです。一歩間違えば、人命を失うことにさえなったかもしれない事態だったわけです。訴訟ごとになってもおかしくない問題でした。

それにしても、こんなどうしようもない清掃専門会社に業務を丸投げしているのはB社です。私たちとしても抗議すべきは、清掃について業務を委託しているB社に対してです。B社への不信と不満が、ますます高まっていきました。でも、

B社の担当は新卒者です。何の対応もできるはずがありません。

マンション管理会社をC社からB社に替えたときは、とにかくC社を替えたいということが主眼でした。ですから、理事会で真剣に話し合って決めたとはいえ、C社よりはましだろうということだけでB社に決定したのです。正直のところ、大手企業のブランド名に、またまただまされた、ともいえますね。

B社に替えてから5年、「不成立の総会」事件で、B社はすでに管理会社失格ですが、この清掃丸投げ、不適切な婦人の派遣とくれば、機能不全といわなければなりません。

先に、A社と契約した要因には「管理員」という名称の清掃社員の存在があったと述べましたが、じつはこんな伏線もあったのです。この「管理員」に直接指示して、資源ゴミの放置改善も実行できたのです。

8 二回目の管理会社の変更

もはや管理会社をB社にしておく理由は、どこにもありません。

さっそく、臨時総会開催の準備に取りかかりました。

A社に替えるにあたっては、C社↓B社のときと同様、まず「工事履歴」、そして臨時総会開催を知らせなければいけませんので「区分所有者の全リスト」が必要です。その他にも必要な書類と煩雑な手続きがあります。

こうした一連の作業はかなり面倒ですが、前回と違ったのは、これら下準備のすべてをA社がやってくれたことでした。

C社↓B社のときは、すべてを理事会がやったわけで、これはとても助かりました。

臨時総会では、B社の総会時の手抜き、そして、清掃専門会社への業務の丸投げ、担当婦人の転落事件を主な理由にB社との契約を解除し、A社と契約するという議案を提出し、異議はありませんでした。全会一致、今度もスムーズに可決しました。

こうして、現在も当管理組合とマンション管理委託契約を結んでいる管理会社A社との正式な付き合いが始まったのです。

▼工事についてA社からの提案

A社の考え方で、おっ！と思えたのは「何か、マンション内で一定以上の工事をするときは、必ず臨時総会を開き、その詳細を決定してください」という理事会への要望、提案です。

C社そしてB社が、このような意識をもって理事会に接していたならば、と今更ながら残念です。「外壁工事」も、「エコガラス」も、良い展開になったかもしれませんね。

当然ではありますが、トラブルを未然に防ぐという意味で、当時の組合には、これは画期的な提案です。これが新鮮に感じたということは、その程度のレベルの組合だったということもできます。

少なくない金額が動くわけですから、管理組合は工事についてもっと慎重に、計画的になるべきでした。それを気づかせてくれたのは評価できます。

マンションの管理について見直す必要を感じたら、まずは「工事」についてではないでしょうか。後で述べますが、私たちはこの後、規約を改訂することになります（125頁〜）。

「工事」についての当事者意識を徹底することで、住民はその後、無駄なストレスを溜めなくても済むようになる、ということができます。そのために、理事会へのチェック機能を常在化する制度づくりを実施しました。

▼管理会社についてのチェックポイント

A社が「まともな」管理会社であると感じられたのは、第0章の冒頭で述べた

「大雪のときの雪かき」のように、マンション管理ビジネスにサービス業として取り組んでいるところです。

これは基本中の基本です。担当者次第のところもありますが、管理会社については、そのへんを厳しくチェックすべきです。

サービスということでいうと、管理会社を替える際の臨時総会開催までの手続きをA社がすべてやってくれたことにも、営業上の行為とは承知しながら、好印象を受けました。

私がもっとも興味があるのは、このサービス意識は会社全体の機能としてどこまで可能なのか、という点ですね。どの業界でも「営業担当の質」がそのまま会社の評価となるものでしょう。私自身、若い頃、自分と会社の間にあるギャップに悩んだものです。お陰さまで突破力は身につきましたが。会社の機能改善が不断に実行され、社員が自信をもってクライアントに対応できる会社組織であってほしいと願うばかりです。

管理会社のチェックポイントは……

「工事」についての対応
サービス業としての意識をもっているか
清掃の丸投げはＮＧ

▼ゴミの管理についても

もう一つ、資源ゴミの扱いに関して、こんなことがありました。資源ゴミが放置されて困るという、どこのマンションでも起こっているといえそうな問題が、当マンションでも恒常化していました。

A社の清掃担当である管理員は、週に3回（月、木、金）やってきます。金曜日が資源ゴミの日です。マンション内にはトランクルームがあり、その鍵は管理員と各理事が持っています。

そこで、我々管理組合は、

「木曜日から金曜日まで、トランクルームを開けたままにしてほしい。つまり、管理員が木曜日に来て、トランクルームの鍵を開け、金曜日に帰るときに閉めるということにしてほしい。資源ゴミはこの1日の間にトランクルーム内に入れるという決まりにするから」

と提案したのです。

A社はこの指示に即座に反応し、マンション住民はトランクルームを最大限に活用することになり、長年の懸案だった資源ゴミ問題が落着しました。

これがサービス精神より、変な管理意識が優先するような担当者ですと、

「鍵を開けっ放しだと安全管理が……」

などということになって、一向に話が進まなかったであろうと予想されます。

そもそも清掃関係は下請けに丸投げした会社もありましたから、話がきちんと伝わるまでに、一体何カ月かかっただろう?という気さえしてきます。

ネガティブ人間はどこにでもいるものです。一度前へ進んで問題があれば、修正すればいいのではないでしょうか。もっとも〝あとの祭り〟のおまけが想定できる場合は別でしょうが。

9 大震災が教えてくれたもの

2011年3月11日の東日本大震災は、多くの犠牲者、行方不明者を出しただけでなく、我々に現代社会で生きていく上でのさまざまなことを啓示してくれたように思います。

天変地異の前では、どんなに科学が発達していようともそんなものはなんの役にも立たない。また「前例のないことだから」では済まされない自然災害の恐怖、そして、緊急時における判断の重要性……。

▼コンクリートに埋もれていたガス調整バルブ

築30年になる我々が住んでいるマンションでも、予想だにしなかったことがあの大震災によって露呈しました。

マンションの外壁は、特に支障はなかったのですが、ガス漏れが発覚したのです。ガス会社によると、ガス送出の強弱を調整するバルブが見当たりません。なんと、よくよく調べてみたら、それは2階部分の厚いコンクリートの下でした。

バルブの調節はガス漏れ工事には必須です。さっそくその部分のコンクリートの破壊にかかりました。そうするしかバルブを調節する術はないわけで、結局、ガス会社も、あまり経験したことがないような工事になったようです。

▼管理会社の守備範囲と資産保全

これは、新築時の問題です。しかし、すでにこのマンションの建築会社も販売会社もなくなっていました。30年も経てば、世の中はどんどん変化しますから、会社がなくなるのもやむをえないことかもしれませんが、こんな構造上の欠陥、施工ミスがあったことは、住民の誰一人として知らないことでした。

これはマンション管理会社の責任ではありませんから、最終的には住民で解決するしかありません。

そもそも、地震の後の点検などを管理会社に依頼すれば、契約外ですから、別途料金を請求されます。契約外のサービスは対価が発生しますから、これは当然です。たとえば、耐震強度の調査、配管の劣化状況の調査などがそれにあたります。これは、資産保全のための必要経費です。

資産保全については、こんなエピソードがありました。

私たちのマンション屋上で、よく見ると「欠陥」と呼んでもいい箇所が、最近になってまた見つかったのです。それは屋上の排水口の問題です。

屋上にある排水口の位置が高く設置されていて、雨水が屋上に溜まりやすい構造になっていたのです。そのため、水たまりのような状態になることが多く、これが30年以上も続いたため、塩化ビニールなどで作られた屋上の防水設備の劣化が著しいのです。

この排水溝のままだと、防水設備を何度補修しようとも、水たまりができる状態が続き、またすぐに劣化することが予想されます。いつ雨漏りが起こっても不思議ではない状態です。これは経年劣化に加え、構造上の欠陥といえるでしょう。

抜本的な工事は、排水口の位置を下げることです。そうすれば、水たまりもなくなります。ただし、これは、マンションの建物全体に多大な影響を及ぼすことにもなりかねない大工事になってしまいます。

そこで、防水業者からの提案で、防水設備の塩化ビニールの下に断熱材を敷設して屋上面を高くし、さらに排水口に向けて斜角をつけ、雨水の流れをよくするという工事をすることにしました。

マンションができてから30年以上が経過したわけですが、C社やB社からはこのような指摘は一切なく、組合が独自で接触した業者から初めて、このことを知らされたわけです。２年前のことです。

「自分たちの資産は自分たちで守る」という意識を、より強く感じたわけです。

10 管理規約の改訂

二度目の理事長も、任期が来たので1年で辞めました。一度目がそうだったように、常任理事長になる気は私にはありません。

じつは一度目のとき、「年間100万もらえば、やってもいいよ！」と暴言を吐いて、みんなを沈黙させたのですが、「一人でやるには、それほどエネルギーを消耗する仕事なんですよ、本気でやれば！」ということを伝えたかったのです。だからこそ、みんなが同じ意識をもって、ことに当たることが必要なんだということなのです。

常任理事長にはなりませんでしたが、管理規約改訂の必要性は感じていましたので、これを次の理事会に引き継ぐ前に実現しようと考えていました。

私が改訂したかったのは、次の二点です。

・理事会を月に一回必ず開くこと
・理事、監事の5人とは別に、管理組合内に「工事委員」（5人、任期は2年）を新設すること

既述のとおり、すべての工事を理事と工事委員の共同作業・合議によって決定するという趣旨です。ただし、工事委員は理事長にはならない仕組みでもあります。理想を申せば、組合員全員が工事委員になってもらいたい、というのが私の本音です。そして月一回の理事会の開催は、何度も申し上げているように当事者意識をしっかり持ってもらうためです。

なお、外部居住の人について、理事就任を拒否した人からは、例外を除いて「月1000円徴収する」というルールも設定しました。ゴルフ場でいうところの「ローカルルール」です。

▼工事委員とは

工事委員の新設は、当マンションで今まで起きたトラブルが、皆工事に関することでしたから、工事に関して常に関わる係を置くことが必要と考えたのです。工事にかかる修繕積立金は管理組合の口座に積み立てられていきます。これは理事長が管理するものです。管理会社は管理組合の事務の代行をするわけですから、工事等に際しては資金の管理も理事長と連絡を密にとって行なうことになります。

これまでは、理事長と管理会社担当者の間の話し合い、取り決めだけ。極論すれば理事長の独断で修繕積立金を使って工事をすることも可能だったのです。「エコポイント」騒動のようなことが発生しないように、制度的にもあらためようと考えたわけです。

工事委員はその名のとおり〝工事にかかわる委員〟です。工事の進捗や質をチェックするだけでなく、理事長と管理会社・工事業者等の間に癒着などが生じないようにするという狙いもありました。隙があるから魔がさすのでしょうね。

工事委員の任期を2年としたのは、大規模工事だった場合、計画から施工、完了まで時間がかかりますから、工事の途中で任期が終わることがなるべくないようにするためです。

工事委員は5人中最低1人、月一回の理事会に出席する義務も盛り込みました。

この改訂は私が理事長を退任する総会で了承され、すぐに工事委員を公募しました。案の定といいましょうか、誰も手を挙げません。そのうちの一人は私がなるつもりでしたし、他4人も大体目ぼしをつけていましたので、5人で発足しました。

こうして開かれた新体制での最初の理事会は、理事、監事の計5人と、最低1人の出席を義務付けていた工事委員5人全員、全部で10人が出席する画期的なものになりました。

全員が理事であり、工事委員である姿が、私の理想です。どこのマンションで

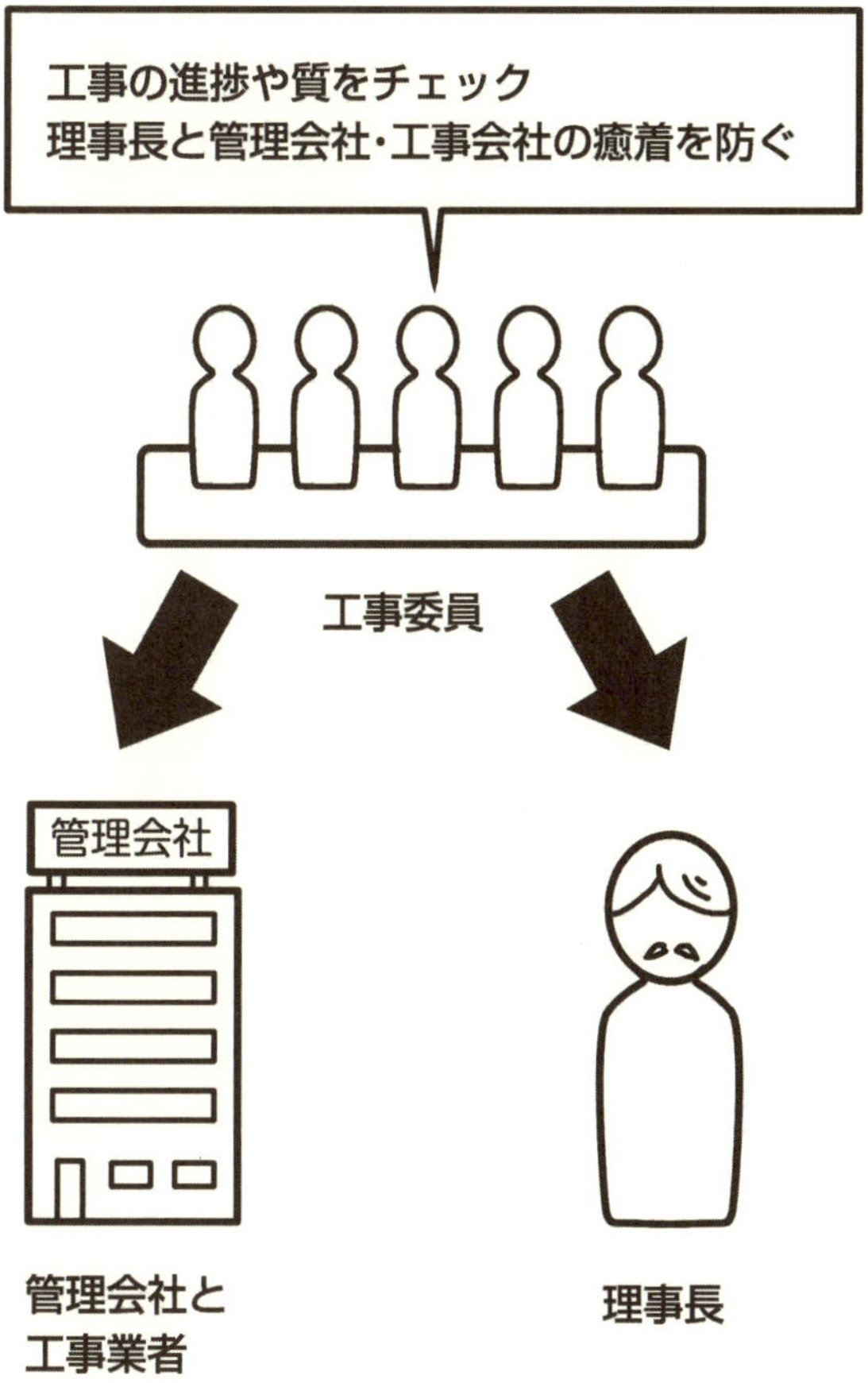
工事の進捗や質をチェック
理事長と管理会社・工事会社の癒着を防ぐ
工事委員
管理会社
管理会社と
工事業者
理事長

も同じではないでしょうか。

▼管理組合の活性化を目指して

管理規約は憲法ではありません。それぞれのマンションに応じて変わっていくのはむしろ自然なことです。100の管理組合があったら100の管理規約があっていいのです。

こうして紆余曲折があったものの、我が管理組合は現在、本来の機能を果たしつつあると言えるでしょう。

我々が、これからさらに発展していくために必要なのは組合員間のコミュニケーションを図ること、言い換えれば親睦を深めることなのではないかと思います。

超高齢化マンションになりつつある現在、互いに気づき合う、昔存在した〝長屋〟の感覚がよみがえれば、面白いシニアライフになるのではないでしょうか。このことは日本全国に、声を大にして言いたいことですね。

▼理事の高齢化対策

理事が高齢化していく傾向は避けようがありません。

結論から申し上げれば、比較的若い人たちを「工事委員」などに選んで、建物の機能・工事面について深く理解してもらい、将来の理事長候補として養成することです。管理規約の変更や公募の実施など、手間はかかりますが、先々みんなの利益につながるはずです。

多くの人は、理事、特に理事長になるのを避けたがり、就任しても理事会を頻繁に欠席したりします。これは責任感や義務感が薄いというより、会社などとは違ったフラットな人間関係に不慣れであることが根本的な原因となっていると考えられます。慣れるということは、ひとつの能力が身につくことです。共同住宅の管理運営はだれかがやらなければならないことであり、自分と家族の生活保全につながっているという認識・理解が、マンション所有者には不可欠です。

「管理・修繕費用を払っているから、あとは全部管理会社に任せる」

このような認識の持ち主に、私は次のように申し上げたい。

一戸建ての場合は、垣根の内側はすべて専用部分ですが、マンションは玄関の内側からベランダの手前までが専用部分。他は共有部分です。1軒の排水機能が不全になれば、それは1軒にとどまらず、状況次第では全戸に影響がでることがあるのです。ですから共用部分の管理について、分担してやらなければならないことがある。これは共同住宅の宿命なのです。

さらには、建物全体、とりわけ共用部分の維持管理の重要さを理解したうえで、管理会社との付き合いができれば、コストパフォーマンスをより向上させることが可能になります。


理事だけでなく、住人全体の高齢化対策も、共同住宅の維持管理には避けることのできない課題です。この点について、管理会社にはサービス業としての機能を大いに発揮してもらうことを期待したいところです。

「管理ビジネス」としては避けてとおることのできない問題であり、またビジネスチャンスととらえる向きも多いのではないでしょうか。

11　マンション管理会社との交渉術まとめ①
――マンションの管理会社は替えられる

マンションの管理会社は、問題があったら他の会社に替えることができる、この、ちょっと考えれば当たり前のことについて、ほとんど考えもしないということ。あるいは考えたくない。これが、区分所有者である多くの分譲マンション住民にとって、最大の盲点ではないでしょうか。

マンションについて何か問題が起こっているとき、疑問を感じることがあっても、グチを漏らすだけで「そんなものかな?」で済ませてしまうことはないでしょうか。

かりにそれが解決したとしても、かかった費用などについては、その根拠が判然としないまま払ってしまった、というようなこともあるのではないかと思います。組合の共益に逆行してしまいますね。

仕事や日常生活、その他に忙殺される日々を送る現代人にとっては、「マンション管理？ そんなことに神経使っていられないよ」というのが現実かもしれません。

「そのために委託費を払っているのだから、管理会社に任せておけばいい」という考え方もあるでしょう。

また、「管理会社なんて、どこも似たりよったり」と考えている人も多いかもしれません。

しかし、管理会社にもいろいろあることは、これまで見てきた例のとおりです。私が述べてきたことはフィクションではありません。

むやみに管理会社を替えることをお勧めしているのではありませんが（実際、大変なエネルギーがいるのも事実ですが）、問題があれば替えればいいのです。

競争の時代です。替えることを視野に入れていることを含めて交渉すれば、より良質のサービスが享受できるかもしれません。

しかし、マンション管理が面倒な仕事であるのは事実です。だれもやりたいことではありませんし、そんなことに関わりたくないからのマンション住まい、ということもあるでしょう。

しかし、なにもしないことで無駄な出費を強いられていたらどうでしょう。チェックしなければ、いま払っている管理費が妥当かどうかわからないではないですか。なにごともコストパフォーマンスが求められる時代です。

庶民にとっては厳しい時代が続きそうです。だからこそ経済効率の視点をもって、みんなで見直すときでもあるでしょう。

12 マンション管理会社との交渉術まとめ②
——当事者意識の大切さ

繰り返し述べてきたように、マンション管理については、区分所有者が当事者意識をもつことが大切です。そのためにも、マンションの管理について、医療の世界で言うところのセカンドオピニオンの意識をもつことをお勧めしたいと思います。

理事会では、常に現在の管理会社についての満足度をチェックしておくことが大事です。住民に定期的にアンケートを取るなども一つの方法かもしれません。

理事は、インターネットでの検索など情報収集を怠らず、より良い管理会社はないかと常に目を配っておくことも大切です。

13　マンション管理会社との交渉術まとめ③
――「セカンドオピニオン」への段取り3か条

この作業をすることによって、組合員・理事の意識変化を期待します。

1　現状の管理会社への満足度

・〈良・可・不可〉を明確にしていく。
・いずれの場合でも、新たな情報を得るメリットはある。

2　複数の理事に管理会社の検索・探索を依頼

・やれる人がいない場合は、リーダー（理事長）が引き受ける。

3　管理会社も競争時代

・サービス業としての自覚・能力があるか。
・特に清掃について、自前か否かは重要。
・見積もりを検討する。
・セカンドからサード以上もありうる。

そして、理事会等でのこのような動きは、「議事録」で全所有者に知らせる。
全員参加の原則を徹底するのです。

14 マンション管理会社との交渉術まとめ④
——契約解除から新規委託契約への4か条

1　理事のなかに一人以上の同意者（仲間）をつくる

・「小田原評定」を避けるため、全員を意識しすぎない。

・柔らかなリーダーシップから始める。みんなが受け入れやすいから。

2　新規管理会社に替えるメリットを明確にする

・現状の問題点を解決できる会社であることが条件。

・委託費用の減額を具体的な数字で明確にする。

・全員が客観的に納得できる段階＝異論の出ない状況をつくる。

3　臨時総会を代行できる会社を条件とする

・理事全員で新会社の担当・責任者を細大漏らさず確認する。

・サービス業としての体質を見極める。

4　日常清掃者（管理人等）は本社直結の社員であることも条件

15 マンション管理会社との交渉術まとめ⑤
――交渉術基本5か条

最後に、管理会社との交渉にとどまらず、ビジネス一般に普遍化した交渉術をまとめてみます。

交渉とは、人心の掌握の技術です。小田原の北条氏が名君と慕われたのは、「6公4民」を「5公5民」に変えたからです。これも支配者が被支配者の心理を掌握し、プレゼントを用意した交渉といえるでしょう。

1　情報

・交渉相手の情報を収集する。その業界の多面的な情報も。生きた情報を得られるか否かで、勝負は決まる。

・情報収集の段階で、自分の情報不足をチェックし、相手の動きを予想する。

2　準備

・業界のリアルタイムの情報をもとに、すべての準備をする。独善は判断を誤らせる。自己チェックが肝要。

・こちらに同等の権限者が複数いる場合、入念な合意づくりが必要。単なる「批判者」だと見極めたら、時間を早めて結論に導く。根拠のない批判は自然消滅するもの。

3　着地点

・多面的条件の下での限界点（譲れない点）を仮想する。企業でいえば「生存条件」の設定。

・短期・中期・長期と物事は連続するが、「そのつどの始末」が死活に直結することを自覚する。経営者・責任者にもっとも必要な資質。

4　交渉

・こちらに最大限有益な条件提示も、相手へアドバンテージのプレゼントを忘れずに。

・売り手か買い手かで違うが、基本は同じ。売り手では、商品やサービスの水準がどのあたりかの明確な判断、プレゼンテーション能力が分水嶺となる。

・買い手では、相手の商品力とプレゼンテーション力を瞬時に見極め、買いの有利な条件を設定する。この場合、1、2の情報力がものをいう。

5　両者利益

・設定した着地点から逸脱せず、同時に相手の満足を推し量る。

・単発の取引か継続のものかで違うが、人の口には戸を立てられない。単発であっても配慮は不可欠。支払い等の約束遵守が絶対条件。

足して2で割る決着が政界はじめさまざまな場面で使われますが、以上は予定調和的のそれではなく、タフな交渉のときの要件となるでしょう。

あとがき

著述を進めているうちに不思議な感覚にとらわれている自分に気づかされました。30年以上にわたる出来事は、まさにドキュメンタリーです。マンション管理の経過というより回顧録を書いている、そんな感覚の中におかれたのです。

私個人に限られた事柄は極力省いたつもりですが、人が動き、何かをなすためにはやはり「熱」が必要です。その「熱」が一連の行動の源となっていたように思われます。個人的なことに関わるところにつきましては、ご容赦願いたく存じます。

私が、管理組合二度目の理事長を辞した後、2人続けて私が理事長を推薦しました。2人とも私とほぼ同年代、永年の勤続からリタイアされた人で、当然のごとく、ともに理事長就任を固辞されました。

自分がいかにその役に適していないかを、丁寧かつ人生を賭けるかのように、訴えられるのです。

口調は2人に共通していて、笑ってしまうほどその内容は極似していました。

「受けていただければバックアップはしますよ」

と約束して説得したので、2人とも渋々受諾してくださいました。

そのうちの一人の方（現在の理事長）は、退職後のうつ症状に悩んでいたそうです。ところが驚いたことに、予想外の嬉しいことが起こったのです。

現在の委託先である「日本ハウズイング」社の担当者から聞いた話ですが、氏が理事長に就任して、半年も経たない頃から、電話がくるようになり、ショートメールでの指示が多くなったということです。その後も、頻繁に連絡指示がくるとのこと。

私が臨時総会をもち出したところ、まっ先に反応したのが彼でした。

マンション管理組合の理事長職、ひいてはマンション管理という仕事は、引退後の人生の活性化（?）という思わぬ効果を生むということかもしれませんね。

私たち団塊世代が、「退職世代」になって数年が経ちました。同級生の多くからも「ゴルフ三昧にも飽きたよ！」とぼやく声を頻繁に聞くようになってきました。

当マンションの現理事長が、うつ症状だった少し前とは別人のような活き活きとした目で動き回っているのを見るにつけ、そういうボヤキ節の面々の中で分譲マンション住まいの同輩を見つけると、管理組合の理事・理事長になることを勧めるようにしています。

マンション管理組合の理事会で活動することは、最も身近なボランティアであり、しかも自分達の利益、不利益に関わるものです。間違いなく、生きがいのひとつともなるのではないか、そんな気すらしているのです。

熟年の起業が増えています。

我々団塊世代はもはや熟年と呼ぶには少々高齢ですが、住民の利益を追求する管理組合の活動は、新たな事業を展開しようとする起業のヒントにもなりうるものでもあると思います。
人生、積極的に経験することに無駄はない、でしょう。
カナダのブリティッシュコロンビア大学の研究によると、人が幸せを感じられる条件は
1　人とのかかわり
2　親切心
3　ここにいること
だそうです。
1、2、はともかく、3は少々わかりにくいと思います。
これは、「何事もうわの空ではなく、心ここにあらずではなく生活する」という意味だそうです。

とにもかくにも、私達に与えられた限られた時間はポジティブに共に愉快に過

ごしたいものです。

最後にこの経験談を書く動機を与えてくれた家族達、労を惜しまず協力してくれた友人達に、心より感謝いたします。

かじめ、共用部分の範囲及び管理費用を明確にし、トラブルの未然防止を図ることが重要である。

特に、専有部分と共用部分の区分、専用使用部分と共用部分の管理及び駐車場の使用等に関してトラブルが生じることが多いことから、適正な利用と公平な負担が確保されるよう、各部分の範囲及びこれに対するマンションの区分所有者等の負担を明確に定めておくことが望ましい。

4　管理組合の経理

管理組合がその機能を発揮するためには、その経済的基盤が確立されていることが重要である。このため、管理費及び特別修繕費等について必要な費用を徴収するとともに、これらの費目を明確に区分して経理を行い、適正に管理する必要がある。

また、管理組合の管理者等は、必要な帳票類を作成してこれを保管するとともに、マンションの区分所有者等の請求があった時は、これを速やかに開示することにより、経理の透明性を確保する必要がある。

5　長期修繕計画の策定及び見直し等

マンションの快適な居住環境を確保し、資産価値の維持・向上を図るためには、適時適切な維持修繕を行うことが重要である。特に、経年による劣化に対応するため、あらかじめ長期修繕計画を策定し、必要な修繕積立金を積み立てておくことが必要である。

長期修繕計画の策定及び見直しにあたっては、必要に応じ、マンション管理士等専門的知識を有する者の意見を求め、また、あらかじめ建物診断等を行って、その計画を適切なものとするよう配慮する必要がある。

長期修繕計画の実効性を確保するためには、修繕内容、資金計画を適正かつ明確に定め、それらをマンションの区分所有者等に十分周知させることが必要である。

管理組合は、維持修繕を円滑かつ適切に実施するため、設計に関する図書等を保管することが重要である。また、この図書等について、

「マンション管理適正化推進法関連法令集」より抜粋

二　マンションの管理の適正化の推進のために管理組合が留意するべき基本的事項

1　管理組合の運営

管理組合の自立的な運営は、マンションの区分所有者等の全員が参加し、その意見を反映することにより成り立つものである。そのため管理組合の運営は、情報の開示、運営の透明化等、開かれた民主的なものとする必要がある。また、集会は、管理組合の最高意思決定機関である。したがって、管理組合の管理者等は、その意思決定にあたっては、事前に必要な資料を整備し、集会において適切な判断が行われるよう配慮する必要がある。

管理組合の管理者等は、マンション管理の目的が達成できるように、法令を遵守し、マンションの区分所有者等のため、誠実にその職務を執行する必要がある。

2　管理規約

管理規約は、マンション管理の最高自治規範であることから、その作成にあたっては、管理組合は、建物の区分所有等に関する法律に則り、「中高層共同住宅標準管理規約」を参考として、当該マンションの実態及びマンションの区分所有者等の意向を踏まえ、適切なものを作成し、必要に応じ、その改正を行うことが重要である。さらに、快適な居住環境を目指し、マンションの区分所有者等間のトラブルを未然に防止するために、使用細則等マンションの実態に即した具体的な住まい方のルールを定めておくことが肝要である。

管理規約又は使用細則等に違反する行為があった場合、管理組合の管理者等は、その是正のため、必要な勧告、指示等を行うとともに、法令等に則り、その是正又は排除を求める措置をとることが重要である。

3　共用部分の範囲及び管理費用の明確化

管理組合は、マンションの快適な居住環境を確保するため、あら

第４節　管理者

（権限）

第２６条　管理者は、共用部分並びに第２１条に規定する場合における当該建物の敷地及び附属施設（次項及び第４７条第６項において「共用部分等」という。）を保存し、集会の決議を実行し、並びに規約で定めた行為をする権利を有し、義務を負う。

２　管理者は、その職務に関し、区分所有者を代理する。第１８条第４項（第２１条において準用する場合を含む。）の規定による損害保険契約に基づく保険金額並びに共用部分等について生じた損害賠償金及び不当利得による返還金の請求及び受領についても、同様とする。

３　管理者の代理権に加えた制限は、善意の第三者に対抗することができない。

４　管理者は、規約又は集会の決議により、その職務（第２項後段に規定する事項を含む。）に関し、区分所有者のために、原告または被告となることができる。

５　管理者は、前項の規約により原告又は被告となったときは、遅滞なく、区分所有者にその旨を通知しなければならない。この場合には、 第３５条第２項から第４項までの規定を準用する。

第５節　規約及び集会

（集会の招集）

第３４条　集会は管理者が招集する。

２　管理者は、少なくとも毎年１回集会を招集しなければならない。

３　区分所有者の５分の１以上で議決権の５分の１以上を有するものは、管理者に対し、会議の目的たる事項を示して、集会の収集を請求することができる。ただし、この定数は、規約で減ずることができる。

４　前項の規定による請求がされた場合において、２週間以内にその請求の日から４週間以内の日を会日とする集会の招集の通知が発せられマンションの区分所有者等の求めに応じ、適時閲覧できるように配慮することが望ましい。

なお、建築後相当の年数を経たマンションにおいては、長期修繕計画の検討を行う際には、必要に応じ、建替えについても視野に入れて検討することが望ましい。建替えの検討にあたっては、その過程をマンションの区分所有者等に周知させるなど透明性に配慮しつつ、各区分所有者等の意向を十分把握し、合意形成を図りながら進めることが必要である。

6　その他配慮すべき事項

マンションが団地を構成する場合には、各棟固有の事情を踏まえながら、全棟の連携をとって、全体としての適切な管理がなされるように配慮することが重要である。

また、複合用途型マンションにあっては、住宅部分と非住宅部分との利害の調整を図り、その管理、費用負担等について適切な配慮をすることが重要である。

「建物の区分所有等に関する法律」より抜粋

第１章　建物の区分所有

第２節　共用部分等

(管理所有者の権限)

第２０条　第１１条第２項の規定により規約で共有部分の所有者と定められた区分所有者は、区分所有者全員（一部共用部分については、これを共用すべき区分所有者）のためにその共用部分を管理する義務を負う。この場合には、それらの区分所有者に対し、相当な管理費用を請求することができる。

２　前項の共用部分の所有者は、第１７条第１項に規定する共用部分の変更をすることができない。

用する場合を含む。）の規定に違反して、報告をせず、又は虚偽の報告をしたとき。

五　第４７条第３項（第６６条において準用する場合を含む。）の規定に基づく政令に定める登記を怠ったとき。

六　第４７条第１０項（第６６条において準用する場合を含む。）において準用する民法第５１条第１項の規定に違反して、財産目録を作成せず、又は財産目録に不正の記載若しくは記録をしたとき。

七　理事若しくは監事が欠けた場合又は規約で定めたその員数が欠けた場合において、その選任手続を怠ったとき。

八　第５５条第３項（第６６条において準用する場合を含む。）において準用する民法第７９条第１項又は第８１条第１項の規定による公告を怠り、又は不正の公告をしたとき。

九　第５５条第３項（第６６条において準用する場合を含む。）において準用する民法第８１条第１項の規定による破産宣告の請求を怠ったとき。

十　第５５条第３項（第６６条において準用する場合を含む。）において準用する民法第８２条第２項の規定による検査を妨げたとき。

第７２条　第４８条第２項（第６６条において準用する場合を含む。）の規定に違反した者は、１０万円以下の過料に処する。

なかったときは、その請求をした区分所有者は、集会を招集することができる。

5　管理者がないときは、区分所有者の５分の１以上で議決権の５分の１以上を有するものは、集会を招集することができる。ただし、この定数は、規約で減ずることができる。

第３章　罰則

第７１条　次の各号のいずれかに該当する場合には、その行為をした管理者、理事、規約を保管する者、議長又は清算人は、２０万円以下の過料に処する。

一　第３３条第１項本文（第４２条第５項及び第４５条第４項（これらの規定を第６６条において準用する場合を含む。）並びに第６６条において準用する場合を含む。以下この号において同じ。）又は第４７条第１２項（第６６条において準用する場合を含む。）において読み替えて適用される第３３条第１項本文の規定に違反して、規約、議事録又は第４５条第４項（第６６条において準用する場合を含む。）の書面若しくは電磁的記録の保管をしなかったとき。

二　第３３条第２項（第４２条第５項及び第４５条第４項（これらの規定を第６６条において準用する場合を含む。）並びに第６６条において準用する場合を含む。）の規定に違反して、正当な理由がないのに、前号に規定する書類又は電磁的記録に記録された情報の内容を法務省令で定める方法により表示したものの閲覧を拒んだとき。

三　第４２条第１項から第４項まで（これらの規定を第６６条において準用する場合を含む。）の規定に違反して、議事録を作成せず、又は議事録に記載し、若しくは記録すべき事項を記載せず、若しくは記録せず、若しくは虚偽の記載若しくは記録をしたとき。

四　第４３条（第４７条第１２項（第６６条において準用する場合を含む。）において読み替えて適用される場合及び第６６条において準

◆ 2013年度版　マンション管理会社別 総合管理受託戸数ランキング

	マンション管理会社名	組合数	棟数	戸数
1位	大京アステージ	7,392	7,764	415,249
2位	日本ハウズイング	7,109	8,184	387,607
3位	東急コミュニティー	4,618	5,873	298,227
4位	長谷工コミュニティ	2,001	2,542	238,222
5位	三井不動産住宅サービス	2,136	2,740	178,268
6位	三菱地所コミュニティ	2,431	2,830	171,809
7位	住友不動産建物サービス	2,175	2,545	166,333
8位	合人社計画研究所	3,145	3,360	165,634
9位	日本総合住生活	766	7,702	162,516
10位	大和ライフネクスト	2,197	2,363	141,535
11位	コミュニティワン	2,697	2,819	134,891
12位	野村リビングサポート	1,881	2,107	124,788
13位	丸紅コミュニティ	1,293	1,879	104,602
14位	ダイワサービス	1,245	1,282	79,147
15位	伊藤忠アーバンコミュニティ	967	1,188	76,787
16位	グローバルコミュニティ	1,695	1,745	74,320
17位	穴吹コミュニティ	1,196	1,199	69,224
18位	あなぶきハウジングサービス	1,203	1,215	59,798
19位	大成有楽不動産	786	1,267	58,159
20位	近鉄住宅管理	623	883	58,014

分譲マンションのストックは、国交省マンション対策室発表の579万6千戸(23年末現在)を基に市場占有率を見ると、10万戸以上の13社のシェアは44.3%（昨年41.8%)、グループ別15社だと53.1%（同51.4%）にもなり、年々大手寡占化傾向が進んでいる状況が伺えるとしています。また、順位シェア上位50社で、69.1%（昨年67.9%)、上位100社で79.6%（同78.5%）となっています。

出典：マンション管理新聞／平成25年5月25日号

[著者紹介]
長谷川紘之（はせがわ・ひろゆき）
1947年熊谷市出身・海城高校卒・立教大学仏文科中退。広告代理店にて17年、管理会社一期2年を経て広報企画会社を設立。企業支援企画など実施する。

装丁……佐々木正見
イラスト、ＤＴＰ組版……出川錬
編集協力……四家秀治、田中はるか

知って得するマンション管理の話
実録　管理組合理事長奮闘記

発行日❖2014年4月30日　初版第1刷

著者
長谷川紘之

発行者
杉山尚次

発行所
株式会社言視舎
東京都千代田区富士見2-2-2　〒102-0071
電話03-3234-5997　ＦＡＸ03-3234-5957
http://www.s-pn.jp/

印刷・製本
モリモト印刷(株)

ISBN978-4-905369-87-5　C0036
JASRAC出1404159-401